농지경매의
전략

농지경매의 전략

초판 1쇄 발행   2024. 6. 28.

지은이 치우, 여미
펴낸이 김병호
펴낸곳 주식회사 바른북스

편집진행 황금주
디자인 김민지

등록 2019년 4월 3일 제2019-000040호
주소 서울시 성동구 연무장5길 9-16, 301호 (성수동2가, 블루스톤타워)
대표전화 070-7857-9719 | **경영지원** 02-3409-9719 | **팩스** 070-7610-9820

•바른북스는 여러분의 다양한 아이디어와 원고 투고를 설레는 마음으로 기다리고 있습니다.

이메일 barunbooks21@naver.com | **원고투고** barunbooks21@naver.com
홈페이지 www.barunbooks.com | **공식 블로그** blog.naver.com/barunbooks7
공식 포스트 post.naver.com/barunbooks7 | **페이스북** facebook.com/barunbooks7

ⓒ 치우, 여미, 2024
ISBN 979-11-7263-051-5 03320

노후보장, 든든한 농지연금

농지 경매의 전략

치우, 여미 지음

 30대부터 시작하자, 빠를수록 이익은 커진다

똑똑한 또 하나의 연금, 농지연금 사용설명서

바른북스

서문 1

   매달 특강 형식으로 열리는 월간 현미경 강의에서 쉬는 시간
이 되면 멈칫멈칫하면서 나오는 회원들이 있다. 걸음걸이와 표
정만 봐도 무슨 이야기를 하려고 하는지 대충 감이 온다.

   10년을 넘게 알고 지내온 지인의 소개로 농지를 샀는데 앞으
로 어떻게 될 것인지 전망해 달라고 하는 회원, 누군가에게 좋다
는 말을 듣고 덜컥 낙찰했는데 어떻게 해야 할지 모르겠다고 하
면서 해결 방법을 알려달라고 하는 회원. 이럴 때면 어떤 말부터
해야 할지 난감하다. 이미 처리해야 할 시기가 많이 늦었고, 무
엇보다 스스로 해결할 수 있는 배경지식과 가이드가 없다.

그렇지만 쓴소리를 안 할 수는 없다. 돈이 걸린 문제에서 냉정한 쓴소리는 꼭 필요하다.

농지에 대해서 또 토지경매에 대한 별다른 지식이 없으면서 누군가 권유해서 농지 경매에 뛰어든다. 또 낙찰만 받으면 꽃길이 펼쳐지고 수익이 바로 돌아올 것이라는 환상에 빠진다.

그렇지만 현실은 냉정하고 비정하다. 쉽고 빠르게 큰 이익을 얻을 수 있는 투자는 현실에는 존재하지 않는다. 또 노력하지 않고 자신이 잘 알지 못하면서 이익을 얻을 수 있다는 생각은 이길 확률이 거의 없는 도박에 가깝다.

이런 식의 투자 권유나 유혹이 들어오면 냉정하게 물리쳐야 한다. 그렇지만 정에 이끌려서 혹은 그 사람의 됨됨이를 판단하고 물건을 덥석 문다.

토지를 처리할 수 있는 능력이나 지식이 없으면서 가만히 기다리기만 하면 알아서 가격이 올라갈 것이라고 착각한다. 여기에 다음 매수자를 하염없이 기다리고 있으면서 대체 어디를 가야 만날 수 있냐고 진심으로 묻는 이를 보면 어떤 말을 해야 할지 입이 떨어지지 않는다.

부동산 경매에서 가장 이익이 큰 토지경매의 낙찰자는 대부분 낙찰에서 끝이라고 생각한다. 사실 낙찰은 시작에 불과하다. 그런데 일찌감치 축포를 터트리면서 그 이후에는 별다른 행동을 하지 않고 주변 사람들에게 묻고만 다닌다.

부동산 소설《춘배 1~5》에서 부동산 경매에 대한 경험과 정보를 이야기 형식으로 전달했다. 하지만 사람들은 조금 더 직관적이고 사실적인 것을 원했다.

낙찰 이후에 어떻게 대응하는 것이 적절한지는 같은 토지여도 사람마다, 같은 사람이라도 토지마다 모두 다르다.

모든 농지 경매가 농지연금이 정답이 될 수는 없지만 해답의 실마리는 될 수 있겠다는 생각에서 농지와 농지연금에 대한 정보를 모았고, 〈경매스쿨 현미경〉 회원의 실제 사례를 중심으로 글을 적었다. 이 책이 농지 경매에 대한 각자의 정답을 찾아갈 수 있기를 소원(所願)한다.

함께 책을 쓴 여미와, 더메이, 지게꾼, 감정술사, 사에바료 님에게 언제나 감사를 표한다.

늘 그렇듯이 씨 뿌린 만큼 거둘 것이다.

2024년 봄, 치우

서문 2

　최근 유튜브 채널에 농지연금을 주제로 출연한 적이 있다. 늘 그렇듯 농지연금의 장점과 단점, 그리고 주의해야 할 점에 대해서 설명했다. 하지만 유튜브라는 매체의 특성상 짧은 시간에 많은 것을 담아야 하기 때문에 농지연금에 대한 설명을 자세히 할 수 없었다. 또 자세히 설명한다고 하더라도 농지연금의 장점에 대한 자극적인 부분을 중심으로 편집이 되기 때문에 많은 분들의 오해를 사게 되었다.

　그중 가장 많은 분들이 오해하고 있는 것이 있다. 바로 '연금'이라는 단어이다. 연금은 일반적으로 국가나 사회에 특별한 공로가 있거나 일정 기간 동안 정기적으로 납부한 금액을 정해진 나이가 되었을 때 주는 급여를 말한다. 하지만 엄밀히 말하면 농지연금은 이 '연금'에 해당하지 않는다.

농지연금은 '연금'이 아니고 대출 상품이다. 즉, 농지를 담보로 대출을 받는 것인데 대출금을 한꺼번에 받는 것이 아니라 매월 일정액을 일정 기간 동안 받는 것이다. 대출금을 연금 지급방식으로 나눠 받기 때문에 이 '연금'이라는 단어를 붙인 것이다.

대부분의 사람들이 흔히 알고 있는 '연금'은 국민연금, 공무원연금, 군인연금, 사학연금 등이다. 즉, 국가에서 개인의 노후 생활을 위해서 운영하는 연금제도를 '연금'으로 생각한다. 하지만 농지연금, 주택연금, 산지연금 등은 국가에서 운영하지만 '연금'이 아니다. 세 가지 상품 모두 대출 상품이거나 매도 상품이다. 그런데 왜 '연금'이라는 단어를 사용했을까? '연금'이라는 단어가 주는 안정감 때문이 아닐까?

어찌 됐든 이 '연금'이라는 단어 때문에 농지연금에 대한 소개를 하면 세금 도둑으로 몰린다. 하지만 누군가 유튜브 댓글에 남겼듯이 국가는 바보가 아니다. 손해 보는 장사를 하지 않는다. 연금의 형식으로 돈을 주는 대신에 농지의 소유권을 가지고 가거나, 경매의 형식으로 채권을 회수한다.

농지연금을 대출 상품으로 인식을 바꾸면 괜찮은 투자 종목이 된다. 농지연금이라고 하지 말고 농지대출이라고 한다면 대출금을 조금이라도 더 많이 받기 위한 노력을 할 것이다. 지목이 농지인데 임야화되어 버려진 땅을 개간하고 농지로 바꾸면, 분묘를 불법으로 만들어서 사용하고 있는 땅을 묘를 없애고 농지로 바꾸면 그 농지의 가치가 살아난다. 게다가 이런 땅을 부동산 경매를 통해서 구입하면 저렴하게 살 수 있다.

조금만 관점을 바꾸면 된다. 하지만 이 관점을 바꾸는 일은 기존 고정관념 때문에 쉬운 일이 아니다. 그래서 다양한 사람들을 만나보고 여러 이야기를 들어보기를 권한다. 〈경매스쿨 현미경〉 강의실에 매주 나와 강의를 듣거나 회원들을 만나 이야기하면 더할 나위 없겠지만 시간상, 거리상 못 오는 분들을 위해 이 책을 썼다. 농지연금, 아니 농지대출에 대해 개괄적으로 설명했고, 회원들의 실제 낙찰 이야기를 적었다. 이 책에서 많은 해답을 얻기를 바란다.

나의 멘토인 치우 님과 〈경매스쿨 현미경〉을 함께 이끌어 가는 더메이 님, 감정술사 님, 사에바료 님께 언제나 감사드린다.

또한 저에게 새로운 영감을 주고 힘을 주는 현미경 올패스반 회원들에게 존경을 표한다. 주말에 많은 시간을 함께하지 못해 미안한 아들 민우와 아내 미선에게 늘 사랑과 감사를 전한다.

2024년 봄, 여미

목차

농지연금

실전 사례

농지

농지연금

FARMLAND
AUCTION
STRATEGY

농지연금이란?

1

농지연금은 농업소득 외에 별도의 소득이 없는 고령 농업인의 안정적인 노후생활을 보장하기 위하여 도입된 세계 최초의 농지담보형 역모기지론이다.

농지연금은 만 60세 이상 농업인이 소유한 농지를 담보로 제공하고 노후생활안정자금을 매월 연금방식으로 지급받는 제도이다. 농지연금 가입자는 농지연금을 받으면서 담보농지를 자경 또는 임대할 수 있다.

승계조건으로 가입한 경우, 가입자가 사망한 후에는 승계절차를 거쳐 배우자가 계속해서 연금을 받을 수 있다.

농지연금 가입자가 사망한 경우에는 상속인이 그동안 지급된 연금채무를 상환하고 담보권을 해지하거나, 농지은행이 담보권 실행으로 농지를 처분하여 연금채권을 회수한다.

담보농지 처분 시 연금채무액은 농지 처분가액 내로 한정되므로 처분 잔여액은 상속인에게 돌려주고 부족액은 상속인에게 청구하지 않는다.

2

농지연금의 우대형 상품은 종신정액형 가입자 중 저소득, 장기영농 기준을 충족하는 경우로 월 지급금을 추가로 지급한다.

농지연금 가입자 중에 취약계층의 경우 '생계급여수급자'가 대상이며 종신정액형 월 지급금의 10%를 추가로 지급한다.

또한, 영농경력이 30년 이상인 장기영농 농업인은 월 지급금의 5%를 추가로 지급한다.

장기영농인 영농경력은 농협조합원가입증명서(준조합원 제외), 국민연금보험료 경감대상 농업인, 농지원부, 농지대장, 농업경영체등록확인서 등 객관적인 증빙자료를 종합하여 확인한다.

3

농지연금의 담보농지 평가방법에는 공시지가 100%와 감정평가 90%로 평가하며 농지연금 신청자가 선택할 수 있다. 이때 담보농지 감정평가를 선택하는 경우 감정평가 비용은 농지연금 가입자가 부담한다. 그러나 농지은행과 협약을 체결한 감정평가법인 등을 통해 평가 시 수수료의 80% 수준으로 평가받을 수 있다.

4

농지연금은 고령 농업인의 소유자산인 농지를 담보로 생활자금을 매월 연금방식으로 수령하는 역모기지론으로 농지연금 수령액은 소득세 과세 대상이 아니다. 반면 국민연금은 소득세를 납부한다.

5

농지연금채무를 상환하면 언제든지 중도해지를 할 수 있으며 재가입도 가능하다. 그러나 재가입 할 경우 근저당설정비용과

감정평가비용(감정평가방법 선택 시)은 다시 부담하여야 한다.

또한, 경영이양형의 경우 농지연금 가입(약정)기간과 상관없이 농지은행에 담보농지를 매도하지 않을 때에는 농지가격의 2%를 위약금으로 부과한다.

6

2인 이상이 공유하고 있는 농지는 농지연금 신청이 원칙적으로 제한된다. 그러나 부부가 공동으로 소유하고 있는 농지는 부부 중 1인이 전체면적으로 신청할 수 있다. 하지만 부부 각자 지분만큼으로 각각 신청은 불가능하다.

7

농지연금은 담보권 실행에 따른 농지연금채무를 상환할 때 농지처분가액이 부족하더라도 특별한 사정이 없는 한 수령인의 다른 재산 또는 상속인에게 청구하지 않는다.

예를 들어, 농지연금 수령자의 사망 시 연금채무액이 3억 원인데 농지처분가액이 2억 8,000만 원일 경우 부족한 금액 2,000만 원을 별도로 청구하지 않는다. 사망한 수급자가 해당 농지 이외의 다른 재산이나 부동산이 있더라도 더 이상 농지연금 채무액 부족분을 다른 재산에 압류나 처분하지 않는다는 것이다.

8

농지연금에 대한 채권행사는 원칙적으로 담보농지에 대해서만 할 수 있다. 그러나 저당권에 우선하는 「국세기본법」 제35조 제1항 및 「지방세법」 제31조 제1항에 따른 조세채권, 저당권에 우선하는 「근로기준법」 제38조 제2항에 따른 임금채권, 지급정지사유가 발생한 후에 지원된 농지연금채권, 농지연금수급자의 고의나 중대한 과실로 담보농지가 훼손되어 회수하지 못하는 농지연금채권은 예외적으로 수령자의 다른 재산에 대해서도 채권을 행사할 수 있다.

9

농지연금 수령 중 일부 필지에 대한 상환 및 약정해지가 가능하다.

불가피한 사유(공공사업에 의한 편입 등)로 인하여 담보농지의 소유권이 상실되거나 농지전용 등으로 더 이상 농지로 이용될 수

없게 된 경우에는 예외적으로 동일 필지 중 일부 면적에 대한
상환과 해지가 가능하다.

10

___

농지연금 수령 중 중도상환은 가입자가 희망할 경우 최초 약
정일로부터 3년에 1회씩 가능하다. 중도상환에 따른 추가 수수
료는 별도로 부담할 필요가 없고 이런 경우 농지연금채무액을
상환해도 약정이 해지되지 않고 유지된다.

11

___

농지연금 이자는 고정금리 2%와 변동금리 중 가입자가 선택
할 수 있다. 변동금리는 농업정책자금 변동금리대출 이자율을
적용한다.

12

___

농지연금채무는 가입자의 사망 등으로 지급정지사유 발생 시
상환한다. 농지연금 수령자의 사망 후 상속인이 연금채무를 전

액상환 혹은 분할상환하고 근저당권을 말소할 수 있다.

분할상환은 60일 이내에 채무의 40% 이상 상환하고 남은 잔액은 2년 동안 2회 이내로 상환하게 할 수 있다.

농지연금 수령자 사망 후 상속인의 의사에 따라 담보권을 실행했을 경우에는 농지연금채권을 회수하고 잔액이 있을 때에는 상속자에게 돌려준다.

농지연금 수령자가 농지연금 수급 중에 약정해지를 위하여 채무를 상환하려고 하면 농지연금채무 전액을 상환해야 한다. 상환하지 않을 경우는 경매를 통하여 상환하게 된다.

농지연금수령자는 언제든지 채무를 상환하고 약정을 해지할 수 있다.

13

농지연금채무는 수령자에게 지급된 연금 등을 의미한다. 즉, 농지연금약정을 체결한 농업인이 농지은행에서 지원받은 자금(위험부담금을 포함)에 대하여 지는 다음 채무의 합계다.

매월 연금으로 수령한 월 지급금의 총액과 위험부담금의 총액, 그리고 위 두 항목에 대하여 대출약정이자율을 적용한 이자 총액이다. 농지연금채무를 산출 방식은 월 지급금을 지급받은 금액만큼 농지연금채무에 가산된다.

위험부담비용은 매월 월 지급금 지급 시 납부해야 할 위험부담금(농지연금채권액×0.5%×해당일 수/365)을 뜻한다(연금채권에 계상).

해당 일수는 해당월 월 지급금 지급일로부터 다음 월 월 지급금 지급 전일까지의 일수 그리고 이자는 전월까지 발생한 농지연금채권액에 해당월에 발생한 월 지급금과 위험부담금을 합하여 연 이자율(고정 2.0% 또는 변동)을 적용하여 농지연금채무에 가산된다.

14

농지연금 승계형은 가입자 사망 시 배우자가 소유권이전등기 및 농지연금채무 인수를 완료하면 농지연금을 계속하여 받을 수 있는 부부보장형 연금제도이다.

그러나 연금수급자 사망 시 배우자가 아닌 자녀 등에게 담보 농지의 소유권이 이전된 경우에는 배우자에게 농지연금이 지급되지 않으며 농지연금 약정은 해지된다.

15

농지연금채무를 현금 상환하지 못할 경우에 농지은행은 담보
농지에 설정된 근저당권을 실행하는데, 보통 부동산 경매를 통
하여 채권을 회수한다.

16

농지연금 수령하고 있는 중간에 담보농지를 매도하고 소유권
이전 시에는 농지연금 약정이 해지되고 가입자는 농지연금채무
를 상환해야 한다.

17

농지연금 수령 중 담보농지가 공공사업 편입 등 불가피한 사
유로 타 지목으로 전용될 경우에는 해당 담보농지 부분에 대한
농지연금채권을 회수하고 나머지 담보농지 부분에 대하여 농지
연금을 지급할 수 있다.

해당 담보농지가 공공사업에 편입될 경우에 농지연금 수령자
는 농지연금 약정변경 절차에 따라 약정변경을 신청해야 한다.

18

농지연금은 원칙적으로 가입자와 배우자가 생존하는 동안은 농지연금채무를 상환하지 않아도 된다.

그러나 가입자가 사망한 경우로서 배우자가 없는 경우, 가입자가 사망한 경우로서 배우자가 있는 경우에는 사망한 후 6개월 이내에 배우자 앞으로 담보농지 전부에 대한 소유권이전등기 및 농지연금채무 인수를 거절하거나 마치지 아니한 경우, 가입자가 사망한 날부터 6개월 이내에 담보농지의 소유권이전등기 및 농지연금채무 인수를 마친 배우자가 사망한 경우, 담보농지의 소유권을 상실한 경우, 농지연금채권이 저당권의 채권최고액을 초과할 것으로 예상되는 경우로서 농지은행의 채권최고액 변경요구에 응하지 아니한 경우, 담보농지에 제한물권을 설정하거나 농지은행의 동의 없이 저당권 등 담보물권을 설정한 경우, 담보농지가 전용 등으로 더 이상 농지로 이용될 수 없게 된 경우, 농지 훼손 또는 농지를 영농에 이용하지 않고 방치한 경우(기한 내 시정되지 않을 경우)에는 농지연금 지급이 정지되고 농지연금가입자나 상속자는 농지연금채무를 상환해야 한다.

19

농지연금 수급권을 인수할 수 있는 배우자는 농지연금 약정체결 당시부터 계속하여 법률상 혼인 관계에 있는 사람이어야 한다. 농지연금 수급기간 중 가입자와 이혼 또는 재혼한 배우자는 농지연금 수급권을 승계할 수 없다.

이혼으로 재산권 분할이 발생하여 농지의 소유권이 이혼한 배우자에게 이전된다면 농지연금약정은 해지되며 가입자는 농지연금채무를 상환하여야 한다.

20

농지연금은 부부 모두 평생 지급을 보장하도록 설계되어 있다. 가입자가 사망하더라도 배우자는 사망할 때까지 계속하여 동일한 금액의 월 지급금을 받을 수 있다.

다만, 이 경우 가입자 사망일로부터 6개월 이내에 배우자 명의로 담보농지의 소유권을 전부 이전하고 농지연금채무 인수를 완료하여야 한다.

21

농지연금제도의 목적은 노후생활안정자금을 평생 동안 지급함으로써 농업인의 노후생활안정을 지원하는 것으로, 연금을 받는 도중에 농지가격이 떨어지더라도 월 지급금이 감소하지 않으며 추가로 담보를 제공할 필요가 없다.

22

농지연금은 고령 농업인이 자기 소유농지를 계속 영농하면서 평생 동안 연금을 지급받을 수 있도록 설계된 제도다. 따라서 담

보농지는 농지연금 가입자가 자유롭게 영농에 이용할 수 있다. 또한, 질병이나 상해로 노동력 상실하여 영농에 종사할 수 없는 경우에는 농지은행 등에 임대위탁을 할 수 있다.

23

'위험부담비용'이란 종신까지 지급하는 농지연금 특성에 따라 발생하는 보험료이다. 위험부담금은 수급자가 실제 납부하는 것이 아니고 고령 농업인의 납부 부담을 감안하여 농지연금 채무에 포함시키는 방법으로 징수한다. 이 위험부담금은 농지연금 지급종료 후 채무상환 시 일괄 상환하게 된다. 위험부담금은 매월 월 지급금 지급일마다 해당월 농지연금채권액의 0.5%를 납부한다.

위험부담금(매월 월 지급금 지급일): 농지연금채권액 × 연 0.5%

24

농지연금은 가입 당시의 담보농지가격을 기준으로 농지가격 상승률(2.85%)을 적용하여 월 지급금이 산정된다.

따라서 농지의 공시지가가 상승하여도 한번 설정된 담보농지가격이 변동되지 않으므로 월 지급금은 재산정되지 않는다. 반대로, 담보농지의 공시지가가 낮아지더라도 월 지급금은 감액되지 않는다.

25

농지연금을 부부 승계형으로 가입하는 경우 중 연령이 낮은 배우자를 기준으로 월 지급금을 산정하고, 부부 모두 사망할 때까지 농지연금을 수령할 수 있다.

비승계형으로 가입하게 되면 가입자 기준으로 월 지급금을 산정한다.

26

농지연금 지급상한액은 1인 매월 300만 원이며, 배우자의 농지연금을 승계받는 경우라도 개별 한도 금액 300만 원을 넘을 수 없다. 즉, 부부 모두 월 300만 원씩 총 600만 원을 농지연금으로 받고 있는 경우, 부부 중 한 명이 사망하더라도 한쪽의 농지연금을 승계하여 1인이 600만 원을 수령할 수 없다.

27

농지연금 수령 후 최초 약정일로부터 3년 내 1회에 한하여 변경 가능하다. 월 지급금은 가입 시 약정한 기초변수 및 담보농지 가격을 기준으로 하며, 변경시점의 연령으로 재산정된다. 그러나 농지연금을 경영이양형으로 가입한 경우 변경할 수 없다.

28

100세 넘게 살아도 월 지급금은 계속하여 지급받을 수 있다. 종신형 농지연금은 가입자가 생존하는 동안 계속하여 지급함으로써 안정된 노후생활을 보장한다. 그러나 기간형 농지연금은 약정된 지급기간 만료 후에는 월 지급금이 지급되지 않는다.

29

농지연금 상담 후 신청서를 접수하고 대상자 결정을 거쳐 약정이 체결(근저당권설정)되면 월 지급금이 지급된다.

최초 월 지급금은 약정체결(근저당권설정) 완료 후 도래하는 지급일(매월 15일)에 연금수령 예금계좌로 입금된다. 그러나 약정

체결(근저당권설정)이 11일 이후인 경우는 다음 달에 지급된다. 약정체결일이 전월 11일부터 당월 10일까지일 경우 당월 15일 지급한다.

30

농지연금은 생존하는 동안 매월 지급받는 종신형과 일정한 기간 동안 매월 지급받는 기간형이 있다.

종신형은 정액형, 전후후박형, 수시인출형 중에서 선택할 수 있다. 기간형은 정액형, 경영이양형 중에서 선택할 수 있다. 종신형 지급방식은 생존하는 동안 매월 연금을 지급하는 방식으로 가입자 사망 후 승계한 배우자도 생존하는 동안 매월 연금을 지급하는 방식이다.

정액형은 월 지급금을 일정한 금액으로 지급하는 유형, 우대형은 종신정액형 가입자 중 저소득층 또는 장기영농 기준을 충족하는 자에게 월 지급금을 추가 지급하는 유형이다.

전후후박형은 가입 초기 10년은 정액형보다 최대 20% 많은 월 지급금이 지급되며, 이후 기간은 초기 월 지급금의 70%를 지급한다. 가입 초기 10년 지급률은 가입연령에 따라 달라질 수 있다.

수시인출형은 총대출한도액의 30% 이내에서 100만 원 단위로 인출신청이 가능하며 인출가능총액을 제외하고 나머지에 대해 월 지급금 지급한다.

기간형 지급방식은 농지연금 약정체결 시 약정한 기간 동안만 월 지급금이 지급되는 방식이다. 배우자가 승계할 경우는 남은 기간 동안만 지급이 가능하다.

정액형(5년, 10년, 15년, 20년)은 일정 기간 월 지급금을 일정한 금액으로 지급하는 유형이다.

경영이양형(5년, 10년, 15년, 20년)은 농지은행에 담보농지매도를 조건으로 기존 정액형보다 더 많은 월 지급금을 받는 유형이다.

31

경영이양보조금을 받을 수 있는 농지는 농업진흥지역 내에 있는 경우로 3년 이상 소유한 전·답·과수원이어야 한다.

진흥지역 바깥에 있는 농지의 경우 경지정리를 마치거나 농지가 3만m^2 이상이어야 한다. 집단화되어 있는 지역의 농업생산기반시설이 완비된 농지로서 한국농어촌공사가 5년 이상 농업경영이 가능하다고 인정하는 전·답·과수원이면 가능하다.

32

농지이용실태조사로 적발된 농지는 농업경영에 이용하지 않는 농지 등의 처분 관련 업무처리요령에 따라 농지은행에 임대위탁 할 수 없다.

33

주말·체험영농을 목적으로 취득한 농지는 농업인이 아닌 개인이 주말 등을 이용하여 취미 또는 여가활동으로 농작물을 경작하거나 다년생식물을 재배하는 것을 말하는 것으로 본인이 직접 경작하여야 한다.

경작할 수 없을 경우는 처분하여야 하며, 따라서 농지은행에 임대하거나 위탁할 수 없다.

34

농지임대수탁사업에 위탁할 수도 있는데 직접 자경이 곤란한 농지도 위탁 관리가 가능하다. 이 경우 안정적 임대소득 보장하고 8년 이상 위탁 시 양도소득중과세 10%를 절감할 수 있고 일

반과세 적용을 받을 수 있다.

35

임대수탁사업의 임차료는 해당 지역 임차료 수준을 협의하여 결정한다. 또 매년 약정된 임차료에서 수수료 5%를 공제하고 지급된다.

36

임대수탁사업의 위탁 기간은 5년 이상으로 하며 계약종료 후 재위탁 가능하다.

37

임대수탁사업은 공부상 지목과 관계없이 실제 경작에 이용되고 있는 사실상 농지인 경우 위탁 가능하다.

단, 도시지역 내 주거/상업/공업지역, 개발예정지 등은 위탁이 불가능하다.

농업진흥지역은 농업진흥구역과 농업보호구역으로 구분된다
(농지법 제30조).

농업진흥구역은 일정규모로 농지가 집단화되어 농업 목적으로 이용하는 것이 필요한 지역, 농업보호구역은 농업진흥지역의 용수원확보, 수질보전 등 농업환경을 보호하기 위하여 필요한 지역이다.

농업진흥지역은 농지를 효율적으로 이용, 보전하기 위하여 시·도지사가 농림부장관의 승인을 얻어 지정하며, 지정 여부는 시·군에서 토지이용계획확인원을 발급하면 확인할 수 있다. 일반적으로 농업진흥지역을 농업진흥지역 안이라고 말하며, 그 이외의 농지를 농업진흥지역 밖이라고 한다.

농지연금 가입연령

신청연도 말일 기준으로 농지소유자 본인이 60세 이상이어야 한다. 기간형 상품의 경우 일정 연령 이상 시 신청 가능(지급방식에 가입 가능 연령 참조)하다.

연령은 민법상 연령을 말하며 주민등록상 생년월일을 기준으로 계산하여 적용한다.

영농경력

농지연금은 신청일 기준으로부터 과거 5년 이상 영농경력 조건을 갖추어야 한다. 영농경력은 신청일 직전 계속 연속적일 필요는 없으며 전체 영농 기간 중 합산 5년 이상이면 된다.

영농경력 5년 이상 여부는 농지대장(구 농지원부), 농업경영체 등록확인서, 농협조합원가입증명서(준조합원 제외), 국민연금보험료 경감대상농업인 확인서류 등으로 확인한다.

농지이양 은퇴직불형의 경우 영농경력이 신청 직전 계속하여 10년 이상이어야 한다.

FARMLAND
AUCTION
STRATEGY

담보농지

농지연금 신청일 현재 다음 각 호의 요건을 모두 충족하여야 한다.

① 농지법상의 농지 중 공부상 지목이 전 · 답 · 과수원으로서 사업대상자가 소유하고 있고 실제 영농에 이용되고 있는 농지

② 사업대상자가 공부상 지목 전 · 답 · 과수원으로 2년 이상 보유한 농지(상속받은 농지는 피상속인의 보유기간 포함)

③ 사업대상자의 주소(주민등록상 주소지 기준)를 담보농지가 소재하는 시 · 군 · 구 및 그와 연접한 시 · 군 · 구 내에 두거나 주

소지와 담보농지까지의 직선거리가 30㎞ 이내의 지역에 위치하고 있는 농지

(②와 ③의 요건은 2020년 1월 1일 이후 신규 취득한 농지부터 적용)

④ 저당권 등 제한물권이 설정되지 아니한 농지

단, 선순위 채권최고액이 담보농지가격의 100분의 15 미만인 농지는 가입 가능

⑤ 압류 · 가압류 · 가처분 등의 목적물이 아닌 농지

⑥ 경영이양형, 은퇴직불형의 경우 공사의 맞춤형 농지지원사업 매입 기준에 적합한 농지

제외농지

① 불법건축물이 설치되어 있는 토지

② 본인 및 배우자 이외의 자가 공동소유하고 있는 농지

③ 개발 지역 및 개발계획이 지정 및 시행 고시되어 개발계획이 확정된 지역의 농지 등 농지연금 업무처리요령에서 정한 제외농지

④ 2018년 1월 1일 이후 경매 및 공매(경매·공매 후 매매 및 증여 포함)를 원인으로 취득한 농지

   다만, 농지연금 신청일 현재 신청인의 담보농지 보유기간이 2년 이상이면서 '담보농지가 소재하는 시군구 및 그와 연접

한 시군구 또는 담보농지까지 직선거리 30㎞' 내에 신청인이

거주(주민등록상 주소지 기준)하는 경우 담보 가능

⑤ 농작업을 위한 농기계 진·출입이 어려운 농지

2024년 새롭게 바뀐

농지연금 제도

은퇴를 희망하는 고령 농업인이 소유농지를 일정 기간 농지은
행(한국농어촌공사 운영)에 임대 후 매도하는 조건의 농지연금 상

품(이하 은퇴직불형 상품)을 신규 출시하여 농지연금뿐만 아니라 직불금과 임대료를 함께 수령할 수 있는 은퇴직불형 상품이 새롭게 나왔다.

은퇴직불형 상품 가입자는 감정가 3억 5,000만 원의 농지(공시지가 3억 1,500만 원 상당)로 10년형에 가입하는 경우 매월 최대 300만 원의 농지연금과 헥타르 당 40만 원의 농지이양은퇴직불금, 그리고 농지임대료를 수령할 수 있다. 또한 농지연금 지급 기간이 종료되면 농지연금 채무액을 변제한 후 농지매도대금을 지급받을 수 있다.

가입기준은 신청일 기준 영농경력이 계속해서 10년 이상이면서, 신청연도 말일 기준 나이가 65세 이상 79세 이하인 농업인이어야 한다. 대상 농지는 3년 이상 계속하여 소유하고 있는 농지 중 농업진흥지역의 농지(농업진흥지역 밖의 농지는 경지정리사업을 마친 농지)로 신청이 가능하다.

농지연금 상품 간 변경할 수 있는 기간을 완화한다.
기존 최초 약정일로부터 3년 내 1회에 한해 상품변경이 가능하였으나, 앞으로는 기간 제한 없이 언제든지 1회 변경이 가능하다.

또한, 농지연금 채무상환 기간을 약정해지일로부터 기존 60일에서 6개월로 연장한다. 이는 수급자의 사망으로 해지된 경우 적용되며, 상속자의 상환자금 마련 등 채무상환에 대한 부담을 줄일 수 있다.

농지연금사업의 내실 있는 운영을 위해 관리기준을 구체화한다.

담보농지 요건 중 기존 '2년 이상 소유한 농지' 기준을 '공부상 지목 전·답·과수원으로 2년 이상 소유한 농지'로 개선한다.

이것은 대지·잡종지 등 토지의 지목을 농지(전·답·과수원)로 변경한 직후에 실제 가치보다 높은 평가액으로 농지연금에 가입하여 과도한 연금을 수령하는 방지하기 위함이다.

부정한 방법으로 약정 체결한 가입자에 대해 지급정지 근거를 마련하여 부적절한 지급을 방지한다.

실전 사례

농업인으로 영농경력 쌓기

옛날에 어느 왕이 천리마를 갖고 싶어 신하에게 황금 1,000냥을 주며 천리마를 구해 오도록 했다. 천리마를 구하러 떠난 지 며칠 만에 돌아왔는데, 황금 500냥으로 죽은 천리마의 뼈 몇 개만을 사 왔다.

화가 난 왕은 "살아있는 천리마를 구해 오랬지 누가 죽은 말 뼈를 그 비싼 값으로 사 오랬냐." 하고 꾸짖었다. 그러자 신하가 대답했다.

"왕께서 천리마를 사랑하심이 지극하여 죽은 말의 뼈도 500 냥에 샀다는 소문이 나면 살아있는 천리마를 가진 사람이 어찌 나타나지 않겠습니까?"

이런 일이 있은 지 채 1년이 못 되어 세 사람이 천리마를 몰고 찾아왔다.

웃고 넘길만한 이야기라고 생각할지 몰라도 실제 이런 의도를 가지고 시행하는 제도가 있다. 바로 '농지연금' 제도다.

농지연금은 2011년도에 처음 시행되어 지금까지 약 2만 명 정도 농지연금을 수령하고 있다. 또한 농지연금의 평균 금액은 매월 100만 원 정도다.

농지연금은 표면적으로 고령 농업인의 노후를 보장한다는 거창한 표어를 내세우고 있으나 실질적으로는 농지를 효율적으로 관리하고 싶다는 속내를 감추고 있다. 따라서 농지 지목인 전·답·과수원이라고 하면 쓸모가 있든 없든, 면적이 작든, 모양이 못생겼든 무조건 농지연금 대상이 된다. 마치 죽은 말뼈도 돈을 주고 사는 것처럼 말이다.

이런 농지연금 제도를 부동산 경매와 결합할 수 있다는 것은 눈치 빠른 사람에게는 기회가 되고 노후를 걱정하는 사람에게는 무릎을 '탁' 치는 묘수가 될 수 있다.

농지소유자라고 해서 모두 농지연금 대상자가 되는 것은 아니다. 영농경력 5년, 즉, 농업인이 되어서 영농활동 5년을 해야 농지를 소유한 당사자 혹은 배우자가 연금을 수령할 수 있는 자격이 된다.

조금 더 깊이 들어가면 매월 최대 수령액은 300만 원이고, 재산세도 감면된다. 또한 타 연금과 중복 수령해도 감액되지 않는다.

물론 잘 알아보고 따져보고 해야겠지만 이 농지연금 제도를 잘 활용한다면 노후 연금으로 이만한 효자도 없다.

헛똑똑이들은 농지은행에서 절대로 비싸게 농지가격을 산출하지 않으니 속임수에 당할 것이라고 이야기한다. 그러나 모든 일이 그렇듯이 규정이나 규칙을 지키려는 사람과 그것을 활용하려는 사람은 엄청난 결과의 차이를 가져온다.

농지연금에서 잊지 말아야 할 것은 공시지가이다. 농지연금은 담보농지를 평가할 때 공시지가 100%와 감정평가금액의 90% 중에서 신청자가 선택하는 것으로 한다. 나는 변수가 있는 감정평가방식보다 꾸준한 공시지가 방식이 더 낫기 때문에 공시지가를 활용하는 것을 더 선호한다. 왜냐하면 공시지가는 세금을 부과하는 기준이어서 매년 조금씩 상승하기 때문이다.

경매에 나온 농지는 조금만 활용도가 없으면 가격이 떨어진다. 이런 농지를 낮은 가격에 낙찰하여 버티면 노후에 안정적인 연금을 확보할 수 있다는 이야기가 된다.

농지연금을 생각하는 사람은 누구나 이 두 가지를 머릿속에 새겨놓아야 한다. 하나는 농업인이 되어서 영농경력 5년을 확보하는 것, 그리고 농지를 소유하고 농지로 유지해야 한다는 사실이다.

이 두 가지를 동시에 만족시켜야 하는 것이 아니고 시간을 두고 천천히 하나씩 해도 상관은 없다. 다만 농지연금을 신청할 때는 이 두 가지 요건을 반드시 충족시켜야 한다.

아파트나 빌라에 먼저 관심을 가지고 투자를 시작한 사람은 농사라고 하면 머리 아프게 생각할 수도 있다. 그런데 농사를 무엇을 심고 가꾸어서 수확한다는 개념이 아니라 그냥 아무것도 하지 않아도 된다고 생각하면 훨씬 쉽다.

농지에 아무것도 하지 않는다는 것은 농지를 다른 용도로 사용하지 않는다는 것을 의미한다. 건축물을 세우지 않고 콘크리트 포장을 하지 않아 풀이 자라나게 하는 것도 농사라고 하면 농사라고 볼 수 있다. 이런 것을 땅의 힘을 올리기 위한 지력 증진이라고 하는데 이것도 농사의 일종이라고 생각하면 부담이 낮아진다.

농사를 열심히 한다고 해서 농업인이 되는 것이 아니라 농업인이라는 것을 인정받아야 영농경력이 생기는 것이다. 농업인 자격을 갖추기 위해서는 1,000㎡의 농지에 영농행위를 하는 것을 농산물품질관리원에 확인받으면 된다. 이것을 농업경영체등록이라고 한다.

물론 농업인이 되는 방법은 다양하게 있다. 가축을 키워도 되고, 양봉을 하거나 곤충을 길러도 농업인이 된다. 핵심은 농업경영체등록을 했느냐 안 했느냐이다. 농업경영체등록이 되었다고 하면 거의 8할은 영농경력을 쌓는 것에 어려움이 없다.

영농경력은 반드시 연속적일 필요가 없다. 최종적으로 농지연금을 신청할 때 5년 이상이면 된다. 평생에 영농경력이 5년 이상이면 농지연금 신청할 때 결격사유가 되지 않는다.

농업인이 되는 것은 여기저기 조금만 찾아보면 여러 방법이 나오니 자신의 성향에 맞게 고르면 된다. 그것으로 영농경력 5년을 확보하면 농지연금을 위한 인적요소는 끝이다.

농지연금은 만 60세부터 신청이 가능하니 그 전에 영농경력을 확보하고 나머지는 농지를 취득하는 데만 신경 쓰면 된다.

농지연금에서 말하는 농지는 누구나 쉽게 떠올리는 그런 농지를 생각하면 안 된다. 넓고 반듯한 농지여서 누구나 탐을 내는 농지도 어울리지 않고 부모에게 상속이나 증여를 받은 그런 농지도 알맞지 않다.

누가 보더라도 저런 땅이 농지연금으로 쓰일 수 있을까? 하는 의구심이 한 번쯤은 들만한 그런 농지여야 한다. 철저하게 투자적인 관점으로 농지를 계산하고 따져야 한다.

여기서 길이 없는 맹지를 따지고, 개발 가능성을 침 튀겨가며 이야기해 봤자 입만 아프니 더 이야기할 것은 없다. 농지지만 농지처럼 쓰일 수 없고 공시가격은 높지만 활용성이 낮은 그런 농지를 발굴해야 한다. 한마디로 농지연금을 신청할 때 아무런 미련이 없어야 한다.

그런 농지가 어디 있냐고 묻는다면 제대로 찾아보고나 그런 말을 하는 것이냐고 반문하고 싶다. 농지연금에서 필요한 농지 지목은 오로지 전·답·과수원이면 된다. 농지로 쓰이지 않고 있으면 농지처럼 보이게 만들면 되는 것이다.

누군가는 산처럼 보이는 농지를 농지처럼 바꿔서 농지연금 신청을 하고 또 누군가는 아파트 담벼락에 붙어있는 지렁이 모양의 농지를 발굴해 농지연금 신청을 했다. 실제로 농지연금 농지를 발굴해 농지연금을 신청할 때까지 과정을 지켜보면 TV 연속극보다 재미있는 부분이 더 많다. 아무것도 모르고 옆에서 바라보면 살짝 미쳤나 하는 생각까지 들 정도이지만, 수익을 보면 입이 떡하니 벌어진다.

이익이 높은 연금 농지를 만들기는 쉽지 않다. 여기에 농업인이 되고 영농경력을 쌓을 것까지 생각하면 한 번에 모든 것을 만족하는 농지가 쉽게 눈에 띄지 않는다. 차근차근 시간을 두고 농지연금 준비를 해야 한다고 하지만 농지연금 신청시기인 만

60세가 다가오면 마음이 점점 급해진다.

그럼에도 누군가는 계속 농지연금에 딱 맞는 농지를 발굴하고 있다. 전·답·과수원, 공시지가는 높지만 활용도는 낮은 땅, 그런 땅을 저렴하게 사는 것이 이 바닥에서는 국룰이다.

<농업인 자격 조건>

- 1,000㎡ 이상 농지를 경작하고 있거나 연중 90일 이상을 농업으로 종사하는 자

- 농지에 330㎡ 이상의 농업 생산 시설을 설치하고, 경작이나 재배를 하는 자
  (산물에 따라 면적 조건 상이)

- 꿀벌을 포함한 가축을 사육하거나 연간 120일 이상을 축산업으로 종사하는 자

- 농업을 통해 수확한 농산물의 판매금액이 연간 120만 원 이상인 자

- 1년 중 120일 이상의 시간을 축산업으로 종사하는 자

FARMLAND
AUCTION
STRATEGY

은퇴 준비자의 농지 선택

20대에나 30대에는 잘 모르던 것을 40대에 들어서 확연하게 깨닫는 것이 있다. 바로 노동력의 한계를 인정하게 된다는 것이다.

인간의 수명이 계속해서 늘어나다 보니 주변을 보면 100세 이상 사는 사람이 흔해졌다. 그러나 수명은 늘어났지만 노동력으로 돈을 벌 수 있는 시기는 100세가 되기 훨씬 이전에 끝난다.

현실적으로 일할 수 있는 나이를 70세로 보면 나머지 30년은 수입이 없이 보내야 한다는 이야기가 된다. 자, 그럼 이제 30년간 받을 수 있는 연금이 절실해진다.

누구는 공무원연금, 국민연금을 떠올릴 수도 있겠지만 그 어떤 연금도 노후를 완벽하게 보장할 수는 없다. 다만 크든 작든 연금이 있다면 노후에 안정적인 돈이 들어올 것이라는 심리적 처방전을 미리 받아볼 수는 있다.

어느 해 봄, 은퇴가 얼마 남지 않은 평범한 직장인이 찾아왔다. 30년간 열심히 일해서 가족을 부양했지만 정작 본인을 위한 은퇴 설계는 시작하지 않았다.

처음부터 아파트나 빌라에 대한 관심으로 부동산 경매를 시작한 것이 아니라 농지연금을 위해서 토지경매에 입문한 특별한 케이스였다. 그래서 일반적으로 갖고 있는 토지에 대한 고정관

넘을 깨는 것부터가 상당히 어려웠다.

토지에 대한 선입견을 갖고 있는 직장인에게 농지연금의 정확한 장·단점과 부동산 경매절차를 설명하는 것은 생각 이상으로 힘들었다.

몇 개월간 열심히 노력하여 토지경매에 대한 안목을 키운 직장인이 드디어 물건을 하나 가지고 왔다. 놀랍게도 이 경매물건은 초보자가 하기 쉽지 않은 난도 상에 해당하는 물건이었다. 이 물건은 길이 없는 맹지에 묘지도 있었고, 허름한 창고 때문에 법정지상권 문제가 있을 수 있다는 친절한 안내문까지 붙어있었다. 이렇다 보니 여러 번 유찰에도 사람들의 관심은 높아지지 않았고 낮은 금액에 낙찰할 수 있었다.

부동산 경매에 관심을 가지는 것과 직접 입찰에 참여하는 것은 간단한 것 같으면서도 큰 차이가 있다. 그만큼 실제로 입찰에 참여하는 것은 꽤 많은 용기가 필요하다. 많은 고민을 했지만 결국 입찰에 참여해서 단독낙찰을 했다.

단독낙찰은 항상 아쉬움도 크고 미련도 많이 남는다. 노후를 위해서, 농지연금을 위해서 이 정도 난도는 충분히 헤쳐나갈 수 있을 것이라고 생각했지만 현실은 녹록지 않았다.

입찰자에서 낙찰자로 입장이 바뀌었지만 불안감은 나아지지 않았다. 낙찰자는 무슨 일을 해야 하는지, 무엇부터 해결해야 하는 것인지 우선순위가 엉켜서 뒤죽박죽이 되었다. 하지만 농지연금으로 출구전략을 세웠기 때문에 농지 위에 있는 모든 것들을 없애는 것부터 시작했다.

농지연금은 농지를 가지고 있는 사람이 유리할 것 같아도 현실은 절대 그렇지 않다. 농지를 가지고 있어도 비싼 가격을 주고 농지를 구입한 사람에게 농지연금으로 노후를 보장하라고 넌지시 이야기하면 이것저것 따져보게 된다. 그러면 바로 농지연금이 손해라는 것을 깨닫고 농지연금의 속사정을 들어보기도 전에 농지연금 욕을 한다.

농지는 될 수 있으면 저렴하게 사야 한다. 당연한 얘기지만 농지연금 농지는 저렴하게 매입해야 큰 수익이 난다. 무조건 낮은 가격에 농지를 사는 방법을 연구해야 하는데, 그 방법 중에서 가장 합법적이고 무리가 없는 것이 경매나 공매이다.

하지만 경매나 공매에 나온 농지는 저렴한 만큼 치명적인 약점이 있다. 바로 경·공매 농지는 하자가 있다는 것이다. 유찰이 많이 돼서 가격이 떨어진 것은 장점이지만 본래의 용도인 농지로 쉽게 바꾸지 못한 것은 단점이다.

예를 들어 농지에 묘지가 있거나, 불법건축물이 있으면 농지로서의 활용가치가 확 떨어진다. 당연히 가격은 곤두박질치고 경매입찰자들의 관심도 떨어진다.

하지만 농지연금 관점에서 이런 농지는 저렴하게 살 수 있는 장점이 된다. 단점이 많은 농지를 저렴하게 사서 약점을 보완하고 하자를 치유하여 농지의 본래 활용도를 되살린다면 농지의 가치도 되살아난다. 이것이 농지연금을 위한 농지 경매의 기본 중의 기본이다.

은퇴를 앞둔 직장인이 저렴하게 농지를 낙찰한 후 묘지를 처리하기 위해서 처음 한 일은 묘지의 주인을 찾는 것이었다. 분묘가 있는 땅에 한 번이라도 관심을 가진 사람은 알겠지만 묘지주인을 찾는 것은 여간 힘든 일이 아니다.

주변 마을을 탐문하고 수소문해도 묘지주인이 쉽게 나타나지 않았다. 그렇다고 해서 무턱대고 무연고 분묘 신고를 할 수도 없고, 마냥 묘지주인이 나올 때까지 기다릴 수도 없었다. 결국 묘지주인을 찾기 위해 묘지 주변에 푯말을 써두었다(현수막을 붙여도 좋다).

'묘지에 관한 부분을 협의 하고 싶습니다.'

이런 푯말은 기왕이면 명절 전에 준비해 두는 것이 좋다. 아무래도 명절이나 한식 즈음에는 분묘를 찾아올 가능성이 있기 때문이다.

분묘 이장을 위해 소송을 하는 것은 어디까지나 마지막에 생각할 일이고 처음에는 분묘주인과 협상을 하는 것이 좋다. 처음부터 소송을 시작하면 분묘주인을 특정하지 못해서 애를 먹는 경우가 상당히 많다.

직장인은 이런 특성을 잘 모른 채 덜컥 소송부터 시작했다. 하지만 꽤 오랜 시간 동안 묘지주인을 찾지 못했다. 우여곡절 끝에 묘지주인을 찾았지만 배 째라 하고 나오는 묘지주인의 태도에 많이 당황했다. 묘지주인은 분묘가 있는 땅을 뭐하려고 낙찰했냐며 강짜를 부리는 경우가 대부분이다.

모든 민사소송이 다 그렇지만 특히 분묘소송은 지루한 시간을 잘 버텨내야 한다. 소송을 시작하기 전까지 꼼꼼하게 계획을 세워야 한다. 누구의 분묘인지, 또 누가 관리하고 있는지, 그리고 누구를 대상으로 소송해야 하는지 분명하게 알고 나서 소송을 시작해도 늦지 않다.

소송 대상자를 특정하지 못하면 도돌이표 보정명령을 계속해서 받는다. 마치 같은 구간만 반복해서 부르는 노래처럼 답답하다.

큰맘 먹고 시작했지만 그만두고 싶다는 유혹에 시도 때도 없이 흔들린다. 소송을 하다 보면 분묘 주변에 아무것도 없는데 누구의 분묘인지를 특정해 오라고 하기도 하는데, 동네 사람들도 모른다고 하고 어떤 정보도 찾을 수 없다고 하면 진짜 팔짝 뛰다 죽을 노릇이다. 그나마 분묘에 비석이라도 있으면 비석에 새겨진 한자라도 해석해 볼 수나 있지만.

하지만 시작했으면 끝까지 밀고 나가야 한다. 상대방이 호응하지 않아서, 상대방이 전혀 엉뚱한 주장을 펼친다고 해서 쉽게 포기해서는 안 된다.

비난을 퍼붓고 말도 안 되는 억측을 펼치더라도 상대방이 있어야 쉬워진다. 상대방이 나오지 않으면 쉽게 끝날 것 같아도 그렇지 않은 것이 묘지소송이다.

직장인의 묘지소송은 긴 시간이 흘렀다. 상대방을 특정하는 것도 시간이 많이 흘렀고 또 분묘철거승소 판결이 나온 후에도 묘지를 이장하지 않아서 애를 먹었다. 하지만 시간이 모든 것을 해결해 준다.

분묘철거소송과 함께 시작한 부당이득청구에서 약간의 금전적인 이득을 보았다. 그리고 소송의 강제력으로 인해서 상대방은 어떤 식으로든 묘지를 이장할 수밖에 없었다.

민사소송에 대한 경험이 없는 사람은 변호사를 선임하기도 한다. 하지만 경매 소송에서는 변호사를 선임하는 것을 신중하게 고려해야 한다. 비용도 비용이지만 소송의 사실에 대한 배경지식이 당사자만 못하고 주장이 당사자만큼 절실하지 않아서 때로는 독이 되어 돌아오는 경우가 있다.

　낙찰 후 2년 정도 시간이 지나자 농지 위에 분묘도, 또 허름한 창고도 남지 않는 온전한 땅이 되었다. 그 사이에 직장인은 퇴직을 했고 이 땅에 농작물을 거창하게 심겠노라고 호언장담을 했지만 지금까지 묘지로 쓰여진 땅에 농사가 잘될 리 없었다.

　그렇지만 농사가 잘되고 못되고는 큰 문제가 되지 않았다. 농작물을 심는다고 하면서 자주 왔다 갔다 하니 자연스럽게 현황도로까지 생겼다. 이렇다 보니 하자가 있는 땅에서 온전한 농지가 된 것으로 충분히 가격과 가치가 올라가게 되었다.

　지적상으로는 맹지이지만 현황상으로는 맹지는 아닌 것으로 보이게 되었다. 주변에는 새로운 건물이 슬슬 들어서기 시작했고 반대로 반짝이던 직장인의 장화는 흙먼지로 인해 실용적인 색깔로 변하게 되었다.

이때쯤 농지연금 가입연령이 65세에서 60세로 낮아졌다.

농지연금 신청연령이 낮아졌다는 것은 기존 농지연금 가입연령인 65세에 가입이 많지 않다는 것을 의미한다.

다시 이야기하면 한국농어촌공사에서는 가입연령을 낮추어서라도 농지연금 가입을 독려하겠다는 뜻이다.

농지연금을 신청할 때는 담보농지가 현재 농지로 이용되고 있다는 것을 보여줘야 한다. 왜냐하면 농지로 이용되고 있지 않은 부분은 농지연금 산정 면적에서 제외되기 때문이다. 그래서 농지연금 면적에서 제외되는 분묘나 창고 등은 미리 철거하는 것이 낫다.

농지연금 평가액을 결정하는 방법은 두 가지이다. 바로 공시지가의 100% 또는 감정평가금액의 90%이다. 공시지가를 100% 인정하는 방법은 평가액을 산정하는 데 확실하다는 장점이 있다. 하지만 변동성이 크지 않아서 최종 평가액을 설정할 때 아쉬운 감이 있다. 따라서 공시지가로 평가액을 설정한다고 하면 될 수 있으면 늦게 농지연금 신청을 하는 것이 유리하다.

감정평가금액으로 설정하는 것은 개발 가능성과 주변 시세 등을 고려하여 선정해야 한다. 하지만 이 감정평가를 하는 데 들어가는 비용은 신청인이 납부해야 한다. 또 감정평가 금액이 높게 나온다고 해도 이 금액에서 90%만 인정된다.

일반적으로 큰 차이가 없다고 생각하지만 지역 상황 그리고 개발 가능성 여부에 따라 변동 폭이 달라지기 때문에 농지연금 담보평가액을 산정할 때에는 공시지가가 나은지, 감정평가가 나은지 꼭 따져봐야 한다.

시간이 지나서 은퇴예정자에서 은퇴자가 된 직장인은 공시지가로 농지연금을 신청했다. 또한 짧은 기간에 많은 금액을 받기보다는 사망 시까지 매달 나오는 연금액을 더 중요하게 생각해서 종신형으로 가입했다.

농지연금 가입상품 중 수시인출형은 총 지급가능액의 30% 이내에서 필요금액을 수시로 인출할 수 있기 때문에 투자자 사이에서 투자금 회수가 빠르다는 이유로 인기가 있다. 그래서인지 예산이 빠르게 소진되어서 막상 신청을 하게 되면 수시인출이 되지 않는다는 불만이 많다. 하지만 일시적으로 중단될 수 있지만 수시인출형이 없어질 것이라고 생각하지 않는다. 오히려 더 다양한 가입상품이 생길 것으로 본다. 실제로 기간형에서 63세 이상 가입할 수 있는 20년 상품이 2023년에 새로 만들어졌다.

농지연금을 신청할 때는 어떤 상품을 가입해도 확실하게 이익이 늘어날 수 있도록 설계하는 것이 중요하다. 농지연금 제도를 얼마나 유리하게 활용하고 있는 것인지, 얼마나 계획적으로 준비하고 있는 것인지 따져보고 수정하는 것에 더 많은 힘을 쏟아야 한다.

농지연금은 농지 그 자체가 아니라 농지를 바라보는 관점, 농지를 선택하고 매입하는 실행력에 따라 설계가 달라져야 한다. 농지연금의 유불리는 그것을 운용하는 사람의 몫이다.

2016 타경

담당계

소재지	경기 이천시 사음동 [도로명 검색]				
물건종류	전	사건접수	2016.09.28	경매구분	임의경매
건물면적	0㎡	소유자	정OO	감정가	191,490,000원
대지권	982㎡ (297.06평)	채무자	민OOOOOOO	최저가	(24%) 45,977,000원
매각물건	토지전부	채권자	한OOOOOO	입찰보증금	(10%) 4,597,700원

입찰 진행 내용

구분	입찰기일	최저매각가격	상태
1차	2017-04-26	191,490,000	유찰
2차	2017-05-31	134,043,000	유찰
3차	2017-07-05	93,830,000	유찰
4차	2017-08-16	65,681,000	유찰
5차	2017-09-20	45,977,000	낙찰

낙찰 57,999,000원 (30%)
(응찰 : 1명 / 낙찰자 : 조OO)
매각결정기일 : 2017.09.27 - 매각허가결정
대금지급기한 : 2017.11.10
대금납부 : 2017.10.16 / 배당기일 : 2017.11.08
배당종결 : 2017.11.08

종국결과	2017-11-08	0	배당

물건 사진

FARMLAND
AUCTION
STRATEGY

작은 지분농지를 사는 이유

토지 투자자에게 땅을 고르는 것은 상당히 공을 들여야 하는 일이다. 마치 예술적인 혼을 불어넣으면서 그림을 그리는 화가처럼 심혈을 기울여야 한다. 누구에게 추천을 받았든, 아니면 스스로 골라내었든 땅을 선택하여 매입을 결정하는 일은 신중을 기해야 한다.

토지경매에서 땅을 고르는 것은 목적과 이유가 분명해야 한다. 다시 말해서 출구전략이 명확해야 한다는 것이다. 토지경매에서 가격이 유찰된다는 것은 설탕으로 파리를 유혹하는 것보다 더 강력하게 투자자의 관심을 끌어당긴다. 또 무슨 하자가 있다든가 이익을 도모할 수 없는 무엇이 숨겨져 있다는 것을 의미한다.

토지경매에서 두 번 유찰되면 감정가격의 절반이 된다. 이때부터는 모든 경매꾼들이 슬슬 관심의 시동을 걸고 준비모드로 들어간다. 다시 한번 더 떨어지면 뭔가 있다는 의심의 눈초리로 물건을 바라만 볼 뿐, 웬만해서는 나서는 것을 자제한다. 그러다가 네 번이 떨어지면 이때부터는 누가 이 물건을 입찰할 것인지 모두 궁금해한다.

채권자는 매각기일 변경으로 시간을 벌 수는 있지만 이미 가격이 떨어질 대로 떨어진 상황에서 멈출 수는 없다. 가격이 계속 떨어졌다고 해서 입찰자가 나오는 것은 아니다. 하지만 거듭된 유찰로 가격이 떨어지면 순간적인 동력을 불러일으킨다. 그 물건의 출구전략을 뒤로하고 떨어진 가격에 현혹되어 많은 사람들이 좀비처럼 입찰자가 된다.

　지방 소도시의 작은 논은 너무나 인기가 없어서 벌써 네 번이나 유찰되었다. 한 번의 변경으로 시간을 벌었지만 그래도 한 달간 경매가 뒤로 밀린 것뿐이었다.

　이 땅은 경지정리가 되어있는 논이고, 바로 옆으로 커다란 전력선과 철도가 지나가고 있어서 활용할 수 있는 것은 오로지 농사 뿐이었다(농사도 잘되지 않는 곳이다). 게다가 소유권도 나누어진 지분물건이어서 인기는 그만두고 누가 과연 저 물건에 입찰할 것인지 궁금해했다.

　결국 이 물건은 무식하고 용감한 근처 농부가 최저가에서 딱 만원을 더 쓰고 입찰하여 단독으로 낙찰했다. 농부는 근처에 나온 다른 경매물건도 입찰에 참여했지만 패찰했다. 그 물건은 농부와 다른 한 명이 입찰에 참여했고 최저가에서 만원을 더 쓴 농부보다 가격을 더 많이 제시한 사람이 낙찰했다.

1번 물건을 낙찰한 농부는 전체 토지 면적 100평에서 25평의 지분을 150만 원 정도에 낙찰했다. 법원에 있던 사람들은 저 사람 미친 거 아니냐며 혀를 끌끌 차면서 농부를 손가락질했다. 하지만 농부는 낙찰한 농지를 농지연금으로 활용하겠다고 처음부터 느긋하게 생각했다.

큰 농지이든 작은 농지이든, 농지를 구입하게 되면 온갖 고민이 몰려온다. 영농경력을 어떻게 쌓을 것인지, 어떤 작물을 심어야 할지… 하지만 무엇보다도 어떻게 땅을 농지처럼 보이게 만들 것인지가 가장 큰 고민이다.

농지를 저렴하게 샀다면 농지의 본래 기능을 회복하는 것에 집중해야 한다. 농지의 기능 회복은 대단한 것이 아니고 분묘가 있으면 분묘를 이장시키는 것이고, 불법건축물이 있으면 건축물을 없애면 된다.

건물이 낡은 가건물이 아니고 탄탄한 철근 콘크리트로 지어졌다면 그 건물을 철거하고 농지로 바꾸는 것이 어느 정도 이득이 있을 것인지 따져봐야 한다.

부동산 경매에서 농지가 저렴하다는 것은 농지처럼 쓰이지 않고 있기 때문이다. 그래서 그런 땅을 농지로 바꾸어야만 이익이 생기는 것이다. 농지로 바꾸는 것은 의외로 간단하다. 풀이 수북하게 자랐다면 풀과 잡목을 제거하고 농지처럼 보이게 만들고 활용하면 된다. 당연히 중장비가 동원되어야 하고 비용이 들어가야 한다. 반면에 이미 농지로 활용하고 있는 땅은 비용과 시간을 절약할 수 있다. 하지만 저렴하게 살 수는 없다.

현재 농지로 활용하고 있는데 그래도 유찰을 거듭한다는 것은 이유가 있다. 소유권이 지분으로 나누어져 있어서 권리적인 하자가 있고 앞으로 이 지역의 발전 가능성이 거의 없기 때문이다.

농지연금에서 소유권이 지분으로 나누어져도 신청이 가능하다. 하지만 법적 부부간 공유만 인정되고 다른 경우는 허용이 되지 않는다. 이 농지는 논으로 활용되고 있었기 때문에 농부는 낙찰하자마자 바로 경작자를 찾아 나섰다.

땅에 대한 지배력을 가지고 있는 사람이 있다. 농지가 묵어서 잡풀이 우거지고 쓰레기가 여기저기 나뒹굴고 있다면 소유권은 가지고 있다고 해도 지배력을 가지고 있다고 생각하지 않는다. 땅의 소유권과 상관없이 토지를 관리하고 토지를 활용하고 있다면 그 사람이 바로 실질적인 지배력을 가지고 있는 사람이다.

농지가 잘 관리되어 있고 누군가 경작하고 있는 사람이 있다면 소유권을 가진 사람이 지배력을 찾아와야 한다. 낙찰한 농부는 여기저기 탐문한 후에 경작자를 찾을 수 있었다.

만약, 이곳저곳 탐문을 해도 경작자를 찾을 수 없다면 농지에 팻말과 연락처를 적어두면 된다. 팻말에 '경작금지' 혹은 '주인이 있는 토지'라고 적고 연락처를 남겨놓으면 대부분 연락이 온다.

경작자를 만나면 협상을 잘해야 한다. 무조건 농지를 빼앗는 것보다 서로 이익이 되는 선에서 양보하고 필요한 것은 확실하게 보장해 주면 된다.

농부는 기존 경작자에게 경작권을 보장해 주는 대신 토지 사용료를 받기로 했다. 이렇게 하면 토지의 소유권과 지배력이 일치하게 무상으로 경작하게 해도 괜찮다. 하지만 땅 주인에게 허락을 받게끔 하는 것이 지배력 측면에서 도움이 된다.

농부는 토지의 소유권 전부를 가지지 못했지만 실질적인 지배력을 확보했기 때문에 다른 공유자에게 바로 연락을 하지 않고 느긋하게 기다렸다. 하지만 공유자에게 연락이 오지 않았다.

어느 정도 시간이 지난 후에 농지 위를 지나가는 전력선의 보상 문제가 튀어나왔다. 이런 보상에서는 지배력을 가졌으니 보상을 더 주고 지배력이 없으니 보상이 없고 그렇게 하지 않는다.

철저하게 소유권을 가지고 있는 사람에게 보상이 이루어진다. 따라서 소유 지분비율에 맞춰 보상이 이루어지기 때문에 농부는 25%로, 다른 공유자는 75%의 비율로 보상을 받았다.

농부는 농지의 소유권을 취득한 후 처음으로 공유자에게 연락했다. 소유권을 가지고 있지만 지배력이 없었던 공유자는 2번 물건의 낙찰자 제안을 농부에게 그대로 전달했다. 공유하고 있는 농지 전체를 경매에 넣고 낙찰 대금을 지분비율만큼 나누어 갖자고 했다. 하지만 농부는 고개를 가로저으며 공유자가 가지고 있는 지분을 자신이 매입하겠다고 역제안을 했다.

"아니 뭐 하려고 이런 작은 농지를 사려고 합니까?"

공유자는 농부의 생각을 이해하지 못했다.

"제가 직접 농사를 짓고 있고 무엇보다도 이 농지의 지배력을 가지고 있으니까요."

농부의 이 대답에 공유자는 다음 말을 잇지 못했다.

경매농지 낙찰자들은 자신이 소유권을 가지고 있으면서도 농지의 지배력을 갖지 못해서 쩔쩔매는 경우가 있다. 지배력이 없다는 것은 많은 부분에서 자신의 권리를 포기하는 것과 마찬가지다. 지배력을 포기하는 것은 농지연금의 영농경력뿐만 아니라 농지의 활용성을 만드는 것에서도 손실을 가져온다. 그러니 땅의 소유권만 얻지 말고 지배력도 꼭 함께 가져와야 한다.

2015 타경 ▨▨▨▨▨

담당계 ▨▨▨▨▨▨

소재지	전북 군산시 신관동▨▨ [도로명 검색]				
물건종류	답	사건접수	2015.04.08	경매구분	임의경매
건물면적	0㎡	소유자	김0000000000000	감정가	6,515,720원
대지권	84.51㎡ (25.56평)	채무자	김OO	최저가	(24%) 1,565,000원
매각물건	토지지분	채권자	동0000000	입찰보증금	(10%) 156,500원

입찰 진행 내용

물건 사진

[사진 더 보기]

구분	입찰기일	최저매각가격	상태
1차	2015-10-05	6,515,720	유찰
2차	2015-11-02	4,561,000	유찰
3차	2015-12-07	3,193,000	유찰
4차	2016-01-11	2,235,000	유찰
입찰변경	2016-02-15	1,565,000	변경
5차	2016-03-21	1,565,000	낙찰
	낙찰 1,575,000원 (24%) (응찰 : 1명 / 낙찰자 : 조OO) 매각결정기일 : 2016.03.28 - 매각허가결정 대금지급기한 : 2016.04.21 대금납부 : 2016.04.08 / 배당기일 : 2016.06.28 배당종결 : 2016.06.28		
종국결과	2016-06-28	0	배당

농지연금의 이익설계

농지연금의 이익설계는 '어떻게 농지를 저렴하게 취득할까?' 여기서부터 출발해야 한다. 어떤 어려움이 예상되니 사람들의 관심에서 멀어질 것이고 관심에서 멀어진 농지는 매우 저렴하게 살 수 있다. 이것이 농지연금의 이익을 결정하는 가장 큰 요소다.

지분경매 물건의 낙찰은 농지연금 측면에서 보면 그냥 관문 하나를 넘은 것뿐이다. 낙찰했다고 해서 이익을 보장해 주지는 않는다. 지분경매는 나머지 공유자가 낙찰자와 부부관계가 아닌 이상 소유권 정리는 선택이 아닌 필수다.

지분경매는 저렴하게 낙찰할 수 있기 때문에 농지연금으로 생각하는 것도 좋다. 하지만 농지연금만 목적으로 생각하는 것도 우둔한 생각이다. 목표가 아무리 농지연금이어도 상황에 따라 유연성을 발휘해야 한다.

"나머지 지분을 제가 낙찰한 가격에 사겠습니다."

농부는 공유자에게 지분매입 의사를 표현했다.

"전체 지분을 경매에 넣지 않는다면 제대로 값을 쳐주셔야 합니다. 손실이 저도 만만치 않습니다."

공유자도 농부가 매수하겠다 싶으니 가격을 더 받고 싶은 마음이 드는 것은 어쩔 수 없었다.

"이 상황에서 손실이 크고 작고를 따진다면 다시 경매에 들어갈 수밖에 없습니다. 하지만 경매에 들어가게 되면 높은 가격에 낙찰될 거라는 희망은 때로는 고문이 될 수도 있으니 잘 생각해 보십시오."

농부는 공유자가 어떤 생각을 하는지 다 알고 있다는 듯이 이야기했다.

"그래도 조금 더 가격을 챙겨주시면 좋겠습니다."

공유자의 목소리에 힘이 많이 빠졌다.

"이 땅은 제가 단독낙찰 한 땅입니다. 형식적 경매에 나온다고 해도 누군가 높은 가격으로 낙찰할 확률이 낮은 곳입니다. 다시 말해 제가 낙찰받은 가격보다 더 낮게 낙찰될 확률도 높고, 최악에는 낙찰자가 없어서 경매가 취소될 수도 있습니다."

농부의 이 말은 공유자에게 협박과도 같은 공포 그 자체였을 것이다.

"그래도 450만 원보다 50만 원만 더 쳐서 500만 원은 맞춰주세요."

"제가 낙찰한 금액이 150만 원이고 공유자께서 75% 지분을 가지고 계시니 450만 원이 맞는 셈법입니다. 처음부터 500만 원으로 사 올 생각이었다면 500만 원이라고 했을 것입니다."

농부의 말에 단호함이 묻어나와서인지 공유자는 아무 말이 없었다.

공유자는 같은 물건의 2번 낙찰자에게 넌지시 소유 지분의 매입 의사를 타진했을 것이다. 하지만 처음 계획을 농지 소유가 아닌 형식적 경매로 넘겨 낙찰 금액을 지분비율로 배당받는 것으로 설정한 낙찰자는 이 매입 의사를 당연히 거절하였을 것이다.

얼마 후 공유자에게 450만 원에 75% 지분을 넘기겠다고 연락이 왔다. 25%의 지분으로 75%를 먹다니… 새우가 고래를 삼킨 격이었다. 하지만 농부는 처음부터 공유자가 농지에 애착이 없었고, 잘못된 투자를 했기 때문에 공유자의 지분을 살 수 있을 거라 생각했다.

어떻게 알았냐고? 농지와 공유자의 거주지가 멀어도 너무 멀었다. 무엇보다도 땅의 지배력이 없어 누군지도 모르는 사람이 농지를 이용해도 모를 정도니 더 말해봤자 입만 아프다.

낙찰받은 금액 157만 원, 지분매입에 들어간 비용 450만 원을 합쳐 대략 600만 원 정도로 토지 전체를 소유하게 되었다. 농지의 공시지가는 1,850만 원 정도이고 소유권 정리 후 대출은 1,480만 원을 받았다.

세상 모든 일이 다 그렇지만 사소하게 보여도 막상 직접 해보려고 하면 번거롭고 신경 쓰이는 문제가 주머니에서 먼지가 나

오듯 톡톡 나오기 마련이다.

공유자에게 소유권 이전에 필요한 서류를 보내달라고 했을 때만 해도 쉽게 소유권 이전이 될 줄 알았는데 신경 쓰이는 문제가 나타났다. 그것은 바로 농지의 매매대금이 공시지가보다 낮아서 세금을 감면받을 수 없는 것이었다.

본래 농부가 농지를 취득하면 취득세의 50%를 감면해 주는데, 공시지가보다 낮은 가격에 농지를 취득하면 취득가격을 믿지 못해서(여러 이유를 붙이는데, 내가 볼 때는 한마디로 못 믿는다는 이야기다) 공시지가로 계산된 취득세를 내야 한다는 것이다. 여기까지도 이해할 수 있다. 해당 지자체에서 공시지가 아래로 매매하게 된 사유를 적어서 제출하라고 하는데 어떤 말을 적어야 할지 몰라 농부는 한참을 머리를 굴렸다고 한다.

소유권 이전을 마치고 실질적인 땅의 지배력을 가진 농부는 매년 그 작은 농지에서 나오는 지료로 나락 두 가마를 따박따박 챙겼다.

농부는 여기에 그치지 않고 대출도 알아보았다. 누군가는 '얼마 되지도 않는 대출을 받으면 뭐 하냐, 이자만 내지.'라고 할 수 있다. 하지만 혹시라도 일반 매매로 토지를 매매하게 될 때는 그 땅에 대출이 있는 것이 낫다. 매수자는 토지에 대출이 없다는 것은 대출이 나오지 않기 때문이라고 생각할 수 있다. 이런 사소한 것이 매매를 막기도 하고 매매 가격을 인정사정없이 후려치기도 한다.

지분토지를 낙찰하면 대출은 생각하지 말아야 한다. 하지만 그 지분 소유권을 하나로 모으면 대출을 가장 먼저 꼽아야 한다. 투입된 투자금을 빨리 회수해야 하기 때문이다.

농지연금제도는 대출이 담보평가액의 30%가 있어도 연금 신청이 가능하다. 만약 그 이상 대출이 있다면 연금의 일부분으로 대출을 상환하고 나머지 금액을 연금으로 준다. 그러니 농지연금의 대출에 대해서는 유연한 사고를 갖는 것이 좋다.

대출금액이 3,000만 원 미만이면 소액대출이라고 해서 단독으로 대출이 불가능하다. 이런 경우에는 여러 대출을 묶어서 대출을 실행하면 가능할 수 있다. 농부도 이 방법으로 총 매입금액 600만 원이 들어간 토지에서 1,480만 원이라는 대출금액을 뽑아냈다.

시간이 흐르자 누군가 작은 땅이 필요하다며 농부의 농지를 매입하려고 했다. 매매 금액으로 3,000만 원을 제시했지만 농부는 거래를 틀었다. 평생 받을 수 있는 농지연금이 더 매력적이라고 판단하여 아직까지 버티고 있다.

나머지 2번 물건의 결론은 다소 싱겁긴 하지만 그래도 이야기해 보겠다.

상황에 따른 유연성과 이익을 계산하는 빠른 판단력은 투자자들에게 필수이다.

2번 물건의 낙찰자의 낙찰금액을 지금에 와서 굳이 따질 이유는 없지만 처음 투입 비용이 높다는 것은 부담이 될 수 있다. 낙찰자는 자신의 지분을 공유자에게 넘기려고 했을 것이고 공유자 또한 낙찰자에게 자신의 지분을 넘기려고 시도했을 것이다.

낙찰자는 공유자의 지분을 매수하는 것을 계획에 넣지 않아서 그런지 공유자의 지분 매입요청을 거절했다. 대신에 협의에 의한 형식적 경매를 신청하여 낙찰대금을 지분비율로 나눠 갖는 것이 더 이익이라고 판단한 듯하다. 그 과정이 순탄하지는 않았겠지만 2년 후에 토지 전체가 경매물건으로 나왔을 때 감정가격을 보고 뿌듯했을 것이다.

다시 시작된 경매의 감정가격에서 유찰이 되었지만 그래도 지분이 해소된 온전한 물건이어서 그런지 낙찰자가 등장했다. 새로운 낙찰자가 나왔다는 것은 최종적인 이익 계산이 끝났다는 것이다.

낙찰금액과 최종적으로 손에 쥐게 되는 이익, 또 제일 먼저 떼어가는 경매 비용도 있다. 언뜻 보면 제일 큰 이익을 낙찰자가 가져갈 것 같아도 지분비율이 높은 공유자가 가장 큰 이익을 움켜쥔다. 이익이 없는 것은 아니지만, 이익설계를 어떻게 하느냐에 따라 차이가 크게 나는 시기가 이때다.

기간 대비 이익은 생각보다 크지 않았다. 설계를 휘뚜루마뚜루 한 것은 아니지만 생각보다 이익이 박했다. 거기에는 실질적인 기대에 대한 노력을 넣지 않았기 때문에 상대적으로 이익이 작아 보였다.

1번 물건을 낙찰한 농부의 이익은 시간이 지남에 따라 커지는 구조로 설계했다. 이런 상황 변화에 대한 유연성이 때로는 이익을 자체를 바꾸어 버린다. 왜 출구전략이 치밀해야 하는지, 왜 상황별 대응전략이 달라야 하는지를 극명하게 보여주는 한 판이다.

농지연금을 설계하는 모든 이에게 단편적인 이익설계보다 어느 쪽으로든 이익이 늘어나는 구조로 설계해야 일타쌍피를 얻을 수 있다는 사실을 꼭 알려주고 싶다.

같은 물건이라고 해도 누가 그 물건을 소유하느냐에 따라 전혀 다른 결과가 나온다. 그래서 출구전략을 휘뚜루마뚜루 해서는 안 되는 것이다.

2015 타경

담당계

소재지	전북 군산시 신관동 [도로명 검색]				
물건종류	답	사건접수	2015.04.08	경매구분	임의경매
건물면적	0㎡	소유자	김0000000000000	감정가	23,567,770원
대지권	328.7㎡ (99.43평)	채무자	김OO	최저가	(24%) 5,659,000원
매각물건	토지지분	채권자	동000000	입찰보증금	(10%) 565,900원

입찰 진행 내용

구분	입찰기일	최저매각가격	상태
1차	2015-10-05	23,567,770	유찰
2차	2015-11-02	16,497,000	유찰
3차	2015-12-07	11,548,000	유찰
4차	2016-01-11	8,084,000	유찰
입찰변경	2016-02-15	5,659,000	변경
5차	2016-03-21	5,659,000	낙찰

낙찰 6,767,900원 (29%)
(응찰 : 2명 / 낙찰자 : 이OO)
매각결정기일 : 2016.03.28 - 매각허가결정
대금지급기한 : 2016.04.21 - 기한후납부
대금납부 : 2016.04.21 / 배당기일 : 2016.06.28
배당종결 : 2016.06.28

종국결과	2016-06-28	0	배당

물건 사진

[사진 더 보기]

2016 타경

담당계

소재지	전북 군산시 신관동 도로명 검색				
물건종류	답	사건접수	2016.09.12	경매구분	형식적경매 공유물분할을위한 경매
건물면적	0㎡	소유자	박OOOOOOO	감정가	104,938,000원
대지권	1478㎡ (447.1평)	채무자	OO	최저가	(49%) 51,420,000원
매각물건	토지전부	채권자	이OO	입찰보증금	(10%) 5,142,000원

입찰 진행 내용

구분	입찰기일	최저매각가격	상태
1차	2017-01-23	104,938,000	유찰
2차	2017-02-27	73,457,000	유찰
3차	2017-04-03	51,420,000	낙찰

낙찰 62,800,000원 (60%)
(응찰 : 2명 / 낙찰자 : 최OO)
매각결정기일 : 2017.04.10 - 매각허가결정
대금지급기한 : 2017.05.10
대금납부 : 2017.04.21 / 배당기일 : 2017.06.02
배당종결 : 2017.06.02

종국결과	2017-06-02	0	배당

물건 사진

사진 더 보기

FARMLAND
AUCTION
STRATEGY

저렴하게 농지를 살 수 있는 조건

　토지경매와 농지연금은 언뜻 보면 연관이 전혀 없어 보이지만 자세히 들여다보면 빙그레 웃을 수밖에 없다. 농지를 저렴하게 매입하는 방법으로 경매만큼 합법적이고 확실한 방법이 없기 때문이다.

　그렇지만 경매나 공매에 등장하는 농지는 멀쩡한 것이 하나도 없다. 길이 없는 맹지는 언제나 단골 메뉴이니까 별로 새삼스럽지도 않고 묘지나 불법건축물 정도 있어야 가격이 떨어진다.

　묘지가 있는 농지, 불법건축물이 있는 농지, 심지어 농지라고는 하지만 임야와 전혀 차이점이 없는 농지까지 정말 어떻게 하면 이렇게 한결같이 못난 농지를 모아놓았나 할 정도로 못난 농지 집합소가 경매·공매에 나온다.

그렇지만 관점을 살짝 바꾸면 다른 신세계가 펼쳐진다. 묘지가 있는 농지이기 때문에 가격이 사정없이 떨어진다. 그래서 아주 저렴하게 매입이 가능하다. 때로는 공시지가 이하로도 낙찰이 가능하다. 모르는 사람은 혀를 끌끌 차지만 낙찰자는 농지연금을 왕창 수령하는 단꿈을 꾼다. 이런 관점에서 보면 농지를 저렴하게 낙찰하여 높은 평가금액으로 농지연금을 신청하면 이런 개꿀이 없다.

물론 여기에 전제가 있다. 묘지를 없애야 하고 불법건축물을 말끔하게 치워야 한다. 그래야 농지연금 평가액이 쑥 올라가 이익이 커진다.

예전에 공매 낙찰 이후 해결이 쉽게 되지 않았던 문제로 연을 맺었던 분이 찾아왔다. 이익이 크게 나는, 하지만 저렴한 농지연금용 농지를 찾아달라고 했다. 부동산 경매에서 농지를 저렴하게 낙찰하려면 하자가 있어야 하고, 그 하자를 시간을 두고 잘 해결하면 오케이다.

그분의 부탁에 경매물건을 둘러보니 적당한 농지가 보였다. 묘지가 있었지만 대신에 공시지가가 상대적으로 높은 도심가의 땅이었다. 물론 당연히 맹지였다. 이 농지의 낙찰을 목표로 삼고 연일 눈독 들였다. 신나는 목소리로 묘지가 있는 땅을 보여줬을 때 그의 떨떠름한 표정은 지금도 기억이 난다.

일단 작게 시작해 보자는 말에 빠르게 입찰을 결정했다. 하자가 있다고 해서 경매물건을 가장 최저가격에 낙찰할 수는 없다. 비슷한 생각을 가진 사람들의 치열한 눈치싸움에서 1원이라도 더 쓴 사람이 낙찰자가 되는 것이다. 눈치싸움을 잘한 덕분에 작은 맹지에 묘지만 덩그러니 있는 농지를 낙찰했다. 작게 시작했다고 결과물까지 작게 만들면 꾼이 아니다.

대부분의 사람들은 농지라 하면 넓고 반듯하며 여러 사람들이 땀 흘리면서 일을 하고 있는 것을 상상한다. 하지만 현재의 농지 모습은 사람들의 생각과 전혀 다르다. 농지에서 땀 흘리며 힘들게 일하는 사람도 없고, 있다고 해도 농기계를 운전하는 한두 명에 불과하다.

농촌의 농지는 일반적으로 투자 가치가 없어서 가격은 있지만 쉽게 거래가 되지 않는다. 이런 상황은 농지연금용 농지를 고르는 것에서도 그대로 적용된다.

쉽게 거래가격이 형성되지 않는다는 것은 감정평가보다는 공시지가 의존도가 높다는 것을 의미한다. 세금을 목적으로 공시지가를 만들다 보니 공시지가는 기준 자체가 보수적이다. 하지만 감정평가는 공시지가보다 실거래 가격과 근접할 것이라는 인식이 있지만 신청하기에 부담이 있다.

언뜻 보면 공시지가보다 감정평가로 농지연금 평가액을 산정하는 것이 유리할 것으로 보여도 실제로 신청해 보면 특별한 경우를 제외하고 큰 차이가 나지 않게끔 설계가 되어있다.

당연한 말이지만 농촌에 있는 농지보다 도심가의 영향을 받는 곳에 있는 농지가 훨씬 가치가 높다. 이것은 농지연금용 농지도 예외가 되지 않는다. 당장 농촌 농지와 도시 농지의 공시지가만 확인해 봐도 명확히 드러나는 사실이다.

조금만 눈썰미 있는 사람이라면 행정구역상 동에 있는 농지가 면·리보다 가치가 있다는 사실을 금방 깨닫는다. 면이나 리에 있는 농지는 낮은 금액으로 낙찰하면 몰라도 처음부터 이익을 내기에는 쉽지 않다.

동에 있는 그 농지는 주변과 어울리지 않게 묘지가 하나 떡하니 자리 잡고 있었다. 감정가가 1억이 넘었지만 그 묘지 하나 때문에 7,000만 원대부터 경매를 시작했다. 도심가에 자리 잡고 있는 농지지만 묘지 1기 때문에 시작부터 3,000만 원 정도가 날아갔다.

여기에 한 번 유찰되니 5,000만 원대가 되었다. 싸면 똥이라도 다시 쳐다보는 것이 이 바닥 생리다. 때문에 많은 사람이 몰릴 것이고, 5,000만 원대에 입찰금액을 결정하는 것은 패찰로 직행하는 것이라 판단했다. 낙찰가격은 6,780만 원 정도였고 응찰자는 모두 네 명이었다.

낙찰되고 나니 기분이 묘하면서 '이제 뭐 하지?' 하는 생각이 들었을 것이다. 다시 이 땅을 보니 면적에 비해 묘지는 더욱더 크게 보였을 것이다. 그분은 매우 심란해했다.

하지만 다시 한번 말하면 도심가의 쓸모없는 자투리 농지는 농지연금용 농지로는 최상으로 분류된다. 여기에 건축물이 주변이 있다면 가격이 떨어지지 않는 특징이 있다. 비록 지금은 묘지라는 하자가 있지만 하자를 걷어내면 눈독 들이는 사람도 생겨날 것이다. 이렇게 되면 금상첨화가 따로 없다. 그 사람에게 팔 수도 있고 그렇지 않으면 농지연금용으로 훌륭하게 쓸 수 있기 때문이다.

그분은 처음부터 심란해하였지만 나는 사실 너무 좋았다. 왜? 싸게 낙찰할 수 있었으니까. 하지만 묘지를 없앨 묘수를 생각해야 하는데 묘지에 비석이 있는 것도 아니어서 묘지주인을 찾는 것부터 어려웠다. 딱 서울에서 김 서방 찾기였다. 하지만 막막할 땐 가장 원시적인 방법부터 시작하는 것이 순리다.

부동산으로 돈을 만지려면 쉽게 말해서 부지런을 떨어야 한다. 무엇인가 조금 부족해도 손 부지런하고 발 부지런하면 중간 정도는 간다는 말이다.

묘지가 있으면 우선은 관리 상태를 봐야 한다. 제대로 관리가 되어있지 않으면 묘지주인이 없다고 봐야 하는데 여기에는 조건이 붙는다. 명절 전후에도 묘지를 관리하고 풀을 벤 흔적이 없으면 무연고 묘지일 확률이 대체로 높다. 하지만 주인이 있기는 있는 것 같은데 주인을 찾을 수 없으면 일단은 발로 뛰어야 한다.

묘지 주변을 다니며 누구의 묘인지, 누가 관리를 하고 있는지, 가장 최근에 누가 다녀갔는지를 묻고 캐고 해야 한다. 이렇게 해도 별 성과가 없으면 그냥 포기하고 낚싯대 드리우듯 푯말을 하나 박아놓고 기다린다. 우습게 들릴지 모르지만 이 한심한 방법이 묘지주인을 나오게 하는 것에 가장 효과가 좋다.

명절 전후 묘지주인이 미끼를 물고 연락이 왔다.

"아이고 백방으로 수소문해도 묘지주인이 나타나지 않아서 지푸라기라도 잡고 싶은 심정으로 푯말을 박았는데 드디어 연락을 주셨군요. 감사합니다."

뻔한 인사말이지만 칭찬과 감사로 십자포화를 날려준다.

"묘지가 있는 땅을 왜 낙찰했어요?"

"묘지만 없으면 아주 좋은 땅이라는 것을 진작 알아봤기 때문입니다."

"묘지를 이장하려면 비용이 들 텐데… 어떻게 하시려고?"

"에이 설마 지금까지 땅 사용료도 받지 않은 땅 주인에게 이장 비용까지 내라고 하시지는 않겠죠."

"이런 경우 대부분 낙찰받은 땅 주인이 이장 비용을 낸다고 하던데요?"

"좋습니다. 이장 비용을 낼 테니 지금까지 땅 사용료를 주세요. 땅 사용료를 받아서 이장 비용을 드릴 테니 우선 땅 사용료를 두둑하게 내세요. 땅 사용료를 내지 않으면 무연고 묘지로 신고할 것이고 농지 원상복구에 대한 책임도 함께 묻겠습니다."

"알겠어요, 그냥 이장을 하겠습니다. 그런데 시간을 주세요."

"지자체에 농지취득자격증명원을 신청할 때 원상복구계획서를 제출해서 관계 공무원이 확인하러 나올 겁니다. 그 전까지 이장을 하셔야 불이익을 피할 수 있을 겁니다."

얼마 지나지 않아 소리 소문 없이 묘지가 없어졌다.

묘지주인들은 지금까지 평온하게 지내왔기 때문에 묘지를 이장하는 비용을 꼭 낙찰자에게 부담하려고 한다. 그러나 아닌 것은 아니라고 딱 잘라 말해야 한다.

예전에 묘지 이장문제로 옥신각신한 적이 있었는데 그때는 천

지신명이 도왔는지 모르지만 멧돼지 친구들이 묘지 주변에서 파티를 개최한 덕분에 쉽게 이장문제가 해결된 적이 있다. 나중에 생각해 보니 추운 날씨에 눈이 왔었고 누군가 고맙게도 묘지 주변으로 고구마를 떨어뜨리고 갔었다. 지나가던 멧돼지가 그것을 알아차리고 친구들을 불러서 파티를 벌였는데 뒷정리를 제대로 하지 않아서 묘지가 제법 상했다. 묘지주인은 사람이 아니라 짐승이 그렇게 한 것이라는 것을 깨닫자 곧바로 이장을 해버렸다. 간절하게 손품 발품을 팔면 산짐승도 도와준다.

부동산 낙찰과 함께 꼬리처럼 따라붙는 것이 바로 대출이다. 특히 경락잔금대출은 일반대출보다 많이 나오는 것이 일반적이다.

그런데 가끔 이렇게 나오는 대출을 의도적으로 피하는 사람이 있는데, 한마디로 말하면 바보나 천치의 사촌격이다. 낙찰 후 대출을 받는다고 해서 모두 잔금을 납부할 여력이 없는 것은 아니다. 다시 말하자면 돈이 있어도 대출은 무조건 받아야 한다.

대출은 모두 빚이라고 생각하는 사람을 가끔 만난다. 그런 사람의 생각을 바꾸는 것보다 차라리 내가 입을 다무는 것이 더 빠르다는 것을 알고 난 뒤에는 아무 말도 하지 않는다.

경락잔금대출은 나온다고만 하면 무조건 받아서 챙겨야 한다. 이 대출은 여러 가지로 요긴한데 특히 다음 매수자의 부담을 낮취주는 효과가 아주 크다. 경락잔금대출을 받은 토지를 다음 매수자는 어떻게 생각할까? 당연하게 대출을 받았으니 자신이 이 토지를 매수할 때 은행에서 어느 정도 대출이 나올 수 있을 것인지 가늠한다.

대출은 이런 역할을 하기 때문에 대출이 없는 토지는 다음 매수자를 찾기가 힘들 뿐만 아니라 다음 매수자의 범위를 좁게 만든다. 또 어떤 매수자는 대출이 없는 토지를 부담으로 여기지 않고 토지 자체의 하자로 본다. 토지에 어떤 문제가 있어서 대출이 나오지 않을까? 이렇게 생각하기 때문에 가능하다면 토지의 담보대출은 꽉 차게 받아야 한다.

하자가 있는 토지를 낙찰하면 낙찰금액이 감정평가금액보다 낮기 때문에 대출금액이 일반대출보다 많지 않다. 그렇지만 처음 하자를 치유하면 대출 가능 금액은 크게 뛴다.

보통 농지 경매물건의 대출 가능 금액은 감정가격의 60% 또는 낙찰가의 80% 중 낮은 것으로 정한다. 이 법원경매 감정가격은 낙찰 후 보통 6개월까지 영향을 끼친다. 6개월이 지나면 은행에서 자체 담보감정평가를 새롭게 하기 때문에 하자가 치유되었다면 대출 가능 금액이 높게 설정할 수 있다.

토지경매에서는 이런 마법 같은 대출 기술을 심심치 않게 볼 수 있다. 묘지가 있던 이 땅은 낙찰가격이 6,700만 원 정도여서 낙찰가격의 60%인 4,000만 원 정도 대출을 받았다. 아쉽게도 분묘가 있어서 대출금액이 많이 나오지 않았다. 하지만 묘지를 없애고 다시 대출을 신청하자 마법 같은 일이 일어났다. 은행에 다시 대출 신청을 하자 재감정을 실시했고 1억 정도 대출을 받았다. 내 돈이 전혀 들어가지 않은 소위 무피투자가 되었다.

묘지가 없어지니 주변에서 툭툭 간을 보면서 가격을 던지는데 모든 계약은 매수자와 매도자의 가격 절충이 끝나야 이루어진다. 여기에 대출 가격 밑으로는 매매가 이루어지지 않는 것도 알아야 한다.

그래서 저렴하게 매입한 토지일수록 대출은 일단 당기고 봐야 한다.

부동산 경매에서 가장 인심이 넉넉한 것은 바로 감정평가가격이다. 감정평가 금액은 부동산 경매와 관련된 채권자와 채무자를 위해 후하게 금액을 얹어주는 것이 일반적이다.

가격이 떨어지는 것을 유찰이라고 하는데 이 유찰을 감정평가사는 전혀 신경 쓰지 않는다. 유찰에 신경이 곤두서는 사람들은 채권자와 채무자 그리고 응찰자들이다.

특히 응찰자들은 자신이 마음에 들어 하는 물건의 유찰이 어느 정도 될 것인지, 그리고 어느 정도 금액을 적어야 낙찰이 될 것인지 염두에 두기 때문에 유찰 원인에 대해 유독 신경을 많이 쓴다. 그러다가 낙찰자가 나오면 아쉬운 마음에 다시 가격을 만지작거린다.

하지만 이 경매 세계에서는 끝날 때까지 끝난 것이 아니다. 그 이유는 낙찰자가 잔금을 납부하지 않는 미납이 있기 때문이다. 유찰도 많이 신경을 써야 하지만, 잔금 미납이 나오면 응찰자들의 마음은 여러 갈래로 나누어진다.

무조건 다시 응찰해야 한다는 집념파와 잔금 미납 이유를 알고 나서 거기에 따른 대응책이 나와야 응찰한다는 신중파로 나누어진다.

신중파는 호기심이 너무 많아서 추리를 전문으로 하는 탐정 역할을 하기도 한다. 하지만 잔금 미납 이유를 추측만 할 뿐 정확한 사유는 누구도 쉽게 알지 못한다.

부동산 경매와 농지연금에 대한 이야기를 여러 사람에게 말했지만 방바닥을 치고 나와 경매 법정으로 들어가는 비율은 열에 한두 명에 불과할 뿐이다.

돈과 직결되는 부동산 경매에서는 누구도 믿어서는 안 되고 오로지 자신의 판단으로 결정하는 것이 최선이다. 이런 아수라장 같은 곳에서 누군가 입찰해 보라고 추천하면 의심부터 해야 하는 것이 어쩌면 당연하다.

농지연금에 대한 이야기를 하고 나오는데 누군가 잠시 시간을 내달라고 했다. 경매 정보지에 나온 농지를 보면서 정말로 이 땅이 농지연금으로 괜찮은 것인지 다시 물었다.

"농지연금으로 괜찮다고 판단하여 소개를 드렸지만 입찰에 참여하고 말고는 어디까지나 본인의 판단에 의해서 결정을 해야 하는 일입니다."

이렇게 말하고 보니 친구 관계인 두 명은 연신 옥신각신하면서 이익을 계산하는 눈치였다.

이미 여러 번 유찰이 되었고 낙찰자도 두 명이나 나왔는데 둘 다 미납한 물건을 입찰한다는 것은 그 자체로 용기가 필요하다. 더구나 어떤 것이 유리하고 불리한 것인지 잘 모르는 초보자에게 이런 물건은 상당한 뚝심까지 요구된다.

이 경매물건은 가격은 있지만 자체의 하자가 커서 전혀 쓸모가 없어 보이는 농지였다. 오로지 농지연금으로만 그 가치가 있는 땅이었다. '혹시 다른 개발의 여지가 있을까?'라는 생각을 조금이라도 한다면 냉수 먹고 속 차려야 한다.

유찰과 미납을 여러 번 거치는 통에 단독낙찰을 누구나 예상할 수 있었다.

부동산 경매에서 제일 고민이 많이 되는 순간이 어느 단계일까?

'입찰을 할 것인지 말 것인지 결정할 때?'

'낙찰인지 패찰인지 결정되는 그 순간?'

매 순간 다가오는 무게감은 각자의 사정에 따라 다르겠지만 그래도 입찰가격을 결정하는 것이 가장 큰 고민이 아닐까? 누구는 쉽게 입찰가격을 결정한다고 하지만 그것은 이 세계의 쫄깃한 긴장감을 잘 모르고 하는 말이다. 부동산 경매 세상에서 입찰가격은 너무도 냉정해서 1원이라도 높게 쓰는 사람이 낙찰자가 된다. 여기에 이의를 제기하는 사람을 아직까지 단 한 명도 본적이 없다. 그만큼 입찰가격은 경매를 처음 접하는 사람이나 여러 번의 경험을 가진 사람이나 모두 고민이 될 수밖에 없다.

누구는 자신만의 행운을 가져다주는 숫자가 있다고 하고, 또 누구는 끝에 무조건 1원을 더 써야 안심이 된다는 사람도 있다. 정답은 없다. 마음에 드는 물건에 입찰할수록 소신껏 미련이 남지 않는 금액을 쓰면 된다. 이것을 가지고 너무 짜게 썼다는 둥, 너무 높게 썼다는 둥, 이런저런 뒷말은 신경을 쓰지 않아도 아무런 해가 없다. 각자의 속사정을 모르기 때문에 혀 돌아가는 대로 나오는 말이라고 생각하면 된다.

낙찰가격만 놓고 보면 전 회차 미납가격이나 최저가를 넘기는 경우는 물건에 대한 상당한 애착심이 생겼거나 아니면 다른 사람이 보지 못하는 쓸모나 활용법이 생겨난 것이라고 생각해야 한다.

전 회차의 미납가격이나 최저가를 넘겨서 낙찰하는 것을 두고 여러 사람이 입방아를 찧는데 입찰하지 않은 사람들이나 패찰자들의 말은 시간이 지나면 저절로 사라진다. 신경 쓸 일이 아니라는 것을 다시 한번 말한다.

대부분의 사람들은 단독낙찰이 우울하다고 한다. 한 번 참고 유찰을 시켰더라면 많은 돈을 아낄 수 있었을 것이라고 생각한다. 하지만 낙찰이 될지 안 될지도 모르는 상황에서 이런 생각은 착각이다.

낙찰자와 2등과의 가격 차이가 꽤 났을 때도 낙찰자는 약간의 아쉬움과 후회를 함께 경험한다. 경험자의 관점으로 보면 2등은 어떻게든 아쉬움이 남게 되어있다. 낙찰자의 가격을 부러워하지 않을 것이라고 생각한다면 그것 또한 낙찰자의 착각이다.

나는 입찰자가 전 회차 미납가격을 넘겨서 낙찰한 것에 대해 살짝 핀잔을 주었다.

"최저가에서 만 원만 더 써서 입찰했어도 낙찰되었을 것을 너무 많이 쓴 것 아닙니까."

하지만 금액이 높고 낮고를 떠나서 입찰가격을 보니 간절함이 반영된 것이라고 생각되어 더 이상 이야기하지 않았다. 이 농지를 어떻게 활용하고 어떤 식으로 미래 가격을 만들지 설계된 이상 입찰가격은 수단에 불과할 뿐, 목적은 아니기 때문이다.

이 농지에 시설물이 존재하기 때문에 입찰자들은 이것을 하자로 판단하여 입찰 자체를 포기했다. 또 어렵게 나온 낙찰자는 잔금납부를 포기하면서 보증금을 날려버렸다.

부동산 경매에서 하자를 단점으로 크게 보면 가격 상승의 여지나 다음 매수자가 아득하게 느껴져 매력이 떨어진다. 그러나 때로는 단점이 장점이 될 때도 있다. 그 역할을 농지연금이라는 관점에서 보면 안 보이던 것들이 보이기 시작한다.

　농지연금용 농지를 찾으려고 하면 우선 가격적으로 얼마나 이익을 볼 수 있나를 따져야 한다. 그다음 멀쩡한 농지처럼 만드는 것을 계획해서 처리할 수 있는 일과 할 수 없는 일을 구분해야 한다.

　경매에 나온 농지에서 농지연금용 농지를 찾으려고 하면 일찌감치 개발이라는 희망은 던져버려야 한다. 맹지를 탈출한다면… 공시지가가 계속 오르니까 혹시나… 하면서 다른 생각을 가진다면 마음 비우기를 권한다. 그런 일이 일어나면 좋겠지만 일어나지 않아도 본래의 계획을 묵묵히 추진할 수 있어야 한다. 적절한 시기를 놓치면서까지 아무 일도 하지 않으면서 좋은 일이 일어나기를 기대하는 사람들이 제법 많아서 하는 말이다.

누구는 한 번에 영농경력도 쌓고 농지연금용 토지도 모으는 일타쌍피 전략을 가지는 사람도 있지만 그렇게 만만한 농지가 쉽게 눈에 띄지 않는다는 것은 조금만 경험해 보면 금방 알 수가 있다.

일단 매입 과정에서 생각보다 저렴한 농지를 고르기가 쉽지 않다. 두 번째는 저렴한 농지를 골랐어도 입맛에 맞는, 농지연금에 어울리는 농지를 쉽게 낙찰하기도 만만치 않다. 다시 말해서 얕은 지식으로는 농지를 저렴하게 낙찰할 수 있는 기회를 놓치는 경우가 있다. 그 이유는 저렴하다 싶으면 묻지도 따지지도 않고 그냥 사서 묻어놓으려는 사람이 상당히 많기 때문이다. 여기에 불안한 출구전략으로 입찰가격을 보수적으로 쓰다 보니 번번이 패찰의 쓴맛을 느끼며 돌아온다. 그래서 누가 봐도 안 괜찮은 농지를 괜찮다고 바라보고 낙찰 이후 전략을 더 자세하게 계획하여 뚝심 있게 끌고 가기를 바란다.

그런 면에서 이번에 낙찰한 물건은 진짜 안 괜찮은 농지지만 괜찮다고 판단하는 이유가 딱 하나 있다. 바로 가격이다.

주변에 건물이 있고 도시화가 형성된 곳의 자투리 농지는 묻지도 따지지도 말고 낙찰을 최우선에 둬야 한다. 하지만 대부분 사람들의 관점이 농지연금보다 개발에 더 집중되어 있기 때문에 이런 땅은 쓸모가 없어 보여 가격이 사정없이 떨어진다. 여기에 눈으로 보이는 것도 상당한 영향력을 행사하기 때문에 가격 유찰을 가속화시킨다. 이쯤 되면 낙찰 축하를 예상하는 것보다 입찰 자체를 포기하려는 생각까지 들 수 있다.

농지연금을 위한 부동산 경매는 안 괜찮겠지만 괜찮다 생각하고 앞으로 꾸역꾸역 나아가야 한다. 불확실한 미래를 예정된 계획으로 채워 넣어야 한 걸음 앞으로 디딜 수 있는 것이다.

낙찰자는 낙찰한 농지를 가꾸어 영농을 시작하기보다는 부족한 영농경력을 채우기 위해서 축산업에 손을 대기 시작했다. 소나 돼지를 기르는 것이 아닌 곤충사육업에 도전하게 된 것이다. 남들이 보기에는 배가 산으로 간 셈이지만 처음부터 계획한 일이어서 그런지 큰 무리 없이 진행할 수 있었다.

농지연금 수령의 목표를 향해 성큼 앞으로 나아갔다.

농지연금용 농지를 먼저 낙찰하고 그다음 농업인 자격을 취득하려는 것에 왜 먼저 요건을 갖추지 않고 농지를 덜컥 구입했지? 하고 고개를 갸웃한 사람도 있을 것이다.

농지연금은 정해진 금액을 납입하고 그 돈으로 연금을 받는 방식이 아니다. 그래서 언뜻 보기에는 농지연금의 요건을 맞추기가 어렵게 느껴지는 것이 사실이다.

농지를 보유한 농업인이면 농지연금에 가입할 수 있다고 하지만 어떻게 농업인이 될 것인지, 그리고 어떤 농지를 가질 것인지에 대한 진지한 고민이 없으면 준비는 열심히 하는 것 같아도 나아지는 것이 없다.

농지연금은 순서에 상관없이 요건을 맞춰야 한다. 다만 입맛에 꼭 맞는 농지가 언제나 쉽게 나타난다는 보장은 할 수 없으니 농지구입에 우선을 두고 농업인 자격을 갖추어야 한다. 농업인이 되고 영농경력을 채우는 것은 조금만 공부하다 보면 요령이 생긴다. 누구는 빌린 농지로 영농경력을 채우려고 하고, 또 다른 누군가는 작은 농지로 농업인 요건을 채우려고 노력한다.

최근에는 농지의 면적에 구애받지 않고 농업인이 될 수 있는 양봉이나 곤충사육업에 관심을 갖는 사람도 상당수 있다. 꼭 경작 면적을 채워야 한다는 생각을 가지지 않고 유연한 사고방식으로 농지연금의 요건을 맞추려고 하면 길이 보이는 것이다.

농지연금용 농지를 먼저 구입했는데 나중에 농지연금을 받지 못하면 그 농지는 아무짝에도 쓸모가 없다는 생각이 은연중에 깔려있기 때문에 괜찮은 농지가 나타났어도 적극적으로 매입을 못 하는 경우가 있다. 하지만 이런 생각도 바꾸어야 한다.

누군가 농지를 매입하려고 할 수도 있다. 이런 일이 생긴다면 팔아야 한다. 농지연금보다 더 이익이 크다면 당연히 팔고 새로운 농지를 구입하면 된다.

요건이 아직 충족되지 않았고, 순서가 바뀌었다고 해도 이익을 우선 할 수는 없다. 어느 것을 먼저 하는 것이 중요한 것이 아니라 농지연금을 수령하겠다는 목적에 한 걸음씩 나아가면 되는 것이다. 농지연금을 수령하겠다는 것은 단기적인 계획이 아니라 장기적인 계획이고 여기에 따른 준비는 언제나 긴 호흡을 필요로 한다.

분명한 것은 요건과 순서에 얽매여 당장에 눈앞에 보이는 유불리를 판단하지 못하고 망설이다가 끝을 맺는 경우 아무것도 얻지 못하고 쓸쓸하게 퇴장한다는 것이다.

2021 타경 ▒▒▒▒

담당계 ▒▒▒▒▒▒▒▒▒▒

소재지	경기 용인시 처인구 김량장동 ▒▒▒▒ 도로명 검색				
물건종류	전	사건접수	2021.06.04	경매구분	임의경매
건물면적	0㎡	소유자	박OO	감정가	111,908,000원
대지권	202㎡ (61.11평)	채무자	박OO	최저가	(49%) 54,722,000원
매각물건	토지전부	채권자	김OOO	입찰보증금	(10%) 5,472,200원

입찰 진행 내용

물건 사진

사진 더 보기

구분	입찰기일	최저매각가격	상태
1차	2022-02-22	78,174,000	유찰
2차	2022-03-29	54,722,000	낙찰
낙찰 67,800,001원 (61%) (응찰 : 4명 / 낙찰자 : 박OO / 차순위 : 62,200,000) 매각결정기일 : 2022.04.05 - 매각허가결정 대금지급기한 : 2022.05.12 대금납부 : 2022.05.02 / 배당기일 : 2022.05.24 배당종결 : 2022.05.24			
종국결과	2022-05-24	0	배당

해봐야 운도 따라온다

　기본적으로 농지연금의 전략은 순서에 맞게 계획해야 한다. 농지를 구입하는 것이 먼저인지, 아니면 영농경력을 쌓는 것이 우선인지를 판단해야 한다. 이런 것들은 각자가 처한 현실에 맞는 계획을 세워야 한다.

　농지연금 강의를 끝내고 나오는 길에 유독 적극적인 회원을 만났다. 자신이 아닌 부모님을 위해서 농지연금을 신청하고 싶다는 것이다. 아무것도 갖춰지지 않은 상황이 아니라 농지연금 신청을 위한 모든 요건이 다 갖추어진 상태에서 농지만 없다는 것이었다.

부모님은 수년간 계속해서 영농을 해왔는데 농지를 공공보상으로 넘기다 보니 농지연금 가입요건에서 가장 중요한 농지만 빠진 상태였다. 농지연금에 어울리는 농지가 꼭 필요한 상황이었다.

초기 매입비용은 적으면서 농지연금 수령액이 넉넉한 농지를 골라 달라고 부탁했다. 하지만 입맛에 딱 떨어지는 농지를 고르는 것은 여간 어려운 일이 아니다.

몇 개의 농지를 고르고 압축하는 과정에서 새롭게 안 사실이 있었다. 보통 농지연금을 신청할 때 신규 취득한 지 2년이 되지 않은 농지는 바로 신청이 되지 않는 것이 원칙이다. 2018년까지는 이런 규정이 없어서 경매나 공매로 저렴하게 농지를 취득하고 바로 이익을 얻을 수 있었는데 그 이후에는 소유권 이전 후 2년 이후에 농지연금 가입이 가능한 것으로 바뀌었다.

하지만 기존 농지를 공공보상에 의해 수용된 경우, 새로 취득한 농지는 2년이라는 기간에 상관없이 신청이 가능하다는 것이다. 이것은 보기에 따라서 엄청난 행운이 될 수 있다.

경매농지를 골랐다고 해서 낙찰이 되지 않으면 향후 계획이 순식간에 무산된다. 그렇다고 낙찰을 목적으로 높은 입찰가격을 적게 되면 이익이 적어진다. 물건에 대한 분위기 그리고 관심도를 주기적으로 확인하여 적정한 입찰가격을 산정하는 데는 기나긴 작업이 필요했다. 물건을 추천하는 것은 쉬운 일이 아니다. 물건에 대한 향후 전망도 중요하지만 입찰자의 기본 지식과 의지에 따라 추천물건도 달라진다.

여러 가지 사정을 종합하여 추천물건을 선정하는 것에 꽤 많은 시간을 썼다. 그중 한 물건을 골라서 장단점을 파악하고 적정한 입찰가격을 결정하는 데도 많은 시간을 보냈다. 입찰 당일까지도 안심이 되지 않아 직접 사람을 보내 입찰장에서 입찰금액을 다시 한번 확인하게 했다.

결과를 확인하는 순간, 호흡이 잠깐 멈췄다. 다시 숨이 내쉬어지며 긴장감에 온몸이 떨렸다.

낙찰!

농지를 낙찰하면 농지 위에 있는 농작물을 키우고 관리한 기존 경작자를 찾아야 한다. 반면에 잡풀이 잔뜩 나있거나 쓰레기가 뒹굴고 있으면 낙찰하고 그냥 깨끗이 치우면 된다. 그렇지 않으면 실제 경작자 혹은 전 소유자를 찾아 땅 위에 있는 것들을 치워달라고 해야 한다.

가장 빈번하게 문제가 되는 것이 컨테이너 농막과 농작물이다. 농지 위에 농작물이 단년생 작물이면 농작물을 심은 사람이 수확할 때까지 기다리는 것이 가장 깔끔하게 해결하는 방법이다.

기존 경작자에게 수확 후 다음 해에도 농작물을 심을 것인지 아니면 낙찰자가 농지를 이용할 것인지를 확실하게 알리는 것이 좋다. 본래 농지를 이용하던 사람이 계속 농지를 이용한다면 사용료를 받을 것인지 아니면 무상으로 할 것인지를 명확히 하여야 뒤탈이 없다. 별것 아닌 것 같아도 명확하지 않은 암묵적 동의가 나중에 발목을 붙잡을 수도 있다.

단년생 작물은 수확 시기에 실제 농지를 이용하는 사람을 만날 수 있다. 그러니 너무 애를 쓰며 농지 사용자를 찾으러 발품·손품을 팔 필요가 없다. 하지만 다년생 작물이나 컨테이너는 경작자나 전 소유자를 쉽게 만날 수 없다. 이런 경우에는 푯말이나 현수막 등을 이용하여 농지 이용자에게 새로운 농지 주인이 나타났다는 것을 알림과 동시에 이제 어정쩡한 무상 농지 사용은 안 된다는 것을 확실하게 알릴 필요가 있다.

열심히 계고했는데도 농지 이용자가 나타나지 않으면 마냥 기다릴 수는 없으니 결단을 내려야 한다. 없앨 것인지 아니면 그냥 놔둘 것인지 결정을 해야 하는데, 나는 없애는 쪽으로 대부분 결정을 내린다.

'혹시라도 나중에 찾으러 오지 않을까?' 이런 걱정이 있는 분들에게 한마디 한다면 '쓸데없는 걱정 그만해.'라고 충고하고 싶다. 돈이 될만한 것은 이미 모두 가져가고 쓸모없는 것만 남겨두고 찾으러 오지 않는 것이 대부분 토지경매의 속성이니 너무 크게 걱정하지는 말자.

이번에 낙찰한 농지 위에는 조경수가 심어져 있었다. 하지만 이 수목은 처음부터 낙찰자의 것이 될 것으로 알고 입찰했다. 보통 수목의 경우 감정평가서에 제시 외 물건이라고 표시되어 있지 않은 한 토지 낙찰자 것이다.

이 물건은 명확하게 수목을 포함한다고 물건 명세서에 나와 있었다. 어쭙잖은 비닐하우스나 이동식 간이 화장실 따위로 '법정지상권 성립 여지 있음'이라는 문구는 코웃음 치며 넘기면 된다.

수목은 낙찰자의 것이므로 조금도 신경 쓰지 않았다. 그런데 낙찰자에게서 나무 일부를 도둑맞았다고 연락이 왔다. 나도 이런 경우가 처음이어서 굉장히 난감했다.

나중에 확인해 보니 전 소유주가 농지를 임대했고, 임차인은 이 농지에 나무를 심었다. 하지만 임차인은 경매가 진행되었다는 사실을 전혀 모르고 있었다고 한다. 누구의 잘잘못을 따지기 힘든 상황이기 때문에 전 임차인과 원만하게 협상으로 잘 해결되었다고 전해 들었다. 하지만 땅 위에 있는 것들은 누구 것인지 또, 누구의 허락을 받고 이용하고 있는지를 명확하게 확인해야 뒷말이 나오지 않는다. 그래서 농지를 낙찰하면 주변의 누구라도 잡고 물어봐야 한다.

"이거 누구 것이요?"

그다음 말은 안 해도 모두 알 것이다.

"내가 여기 주인이오."

경매나 공매로 취득한 농지는 소유권을 이전하고 2년 후 농지연금을 신청할 수 있다. 이 규정은 농지연금 초창기에는 없었지만 많은 사람들이 경매나 공매로 저렴하게 취득한 후 곧바로 농지연금으로 던지면서 새로 만들어진 규정이다. 물론 예외는 있어서 기존 농지가 공공용지로 수용보상을 받았다고 하면 새로 취득한 농지는 기간에 상관없이 바로 농지연금 신청이 가능하다.

낙찰자는 이 경우에 해당이 되어 농지연금을 바로 신청할 수 있었다. 이 경우는 농지 경력이 충분하고 오랫동안 농업에 종사해 온 사람이 기존 토지가 수용되어 농지를 대토했다는 의미를 가지기 때문에 바로 농지연금 신청을 받아주는 것이다. 이 경우에 해당된다면 과감하게 농지연금 신청부터 하고 봐야 한다.

농지연금은 신청할 때부터 연금액 산정까지 신경 써야 할 것들이 많다. 우선은 감정평가로 농지연금을 신청할 것인지, 아니면 공시지가로 농지연금 평가액을 산정할 것인지를 결정해야 한다.

감정평가가 유리하다고 생각하는 사람들 중에는 경매의 감정가격을 우선 생각하는 경우가 종종 있는데, 그것은 큰 착각이다. 경매의 감정가격과 농지연금의 감정가격은 감정평가 자체가 다르기 때문에 차이가 아주 크다. 따라서 농지연금 평가액을 감정평가로 생각하는 경우는 주변이 어느 정도 실거래 가격 기준이 설정되어 있거나 개발계획, 혹은 주변의 도시화 진행으로 공시지가보다 땅 가격이 많이 높다고 판단될 때이다. 무조건 감정평가가 공시지가 평가금액보다 높다고 생각하면 실제로 나온 평가금액을 보고 실망을 크게 한다.

또 감정평가를 신청한 경우에는 감정평가 비용을 신청인이 내야 한다. 크다면 크고 작다면 작지만 이 낙찰자의 경우 감정평가 비용이 200만 원 전후였던 것으로 기억한다.

농지연금의 감정평가금액이 나오면 그 이후부터는 꽃놀이패를 쥔 것이나 다름이 없다.

정액형이냐 기간형이냐를 따져야 하는데 이것은 유불리의 문제가 아니다. 자신에게 맞는 수급형태를 찾는 것뿐이다. 그러니 이 단계까지 갔다면 신청자의 나이와 건강상태 그리고 재정여건까지 고려하여 결정하면 된다.

가끔 정액형이 나은지 기간형이 나은지를 묻는 경우가 있는데 그런 것보다 감정평가액을 어떻게 높일 것인지를 고민하는 것이 훨씬 더 낫다. 정액형과 기간형의 유불리는 사람에 따라 다 달라서 쉽게 판단할 수 없다.

공시지가로 평가액을 산정하는 것이 나은지 아니면 감정평가를 신청하는 것이 더 나은지를 선택해야 하는 경우, 여러 가지 조건을 따져봐야 하겠지만 큰 차이가 없다면 확실하고 부담이 없는 공시지가로 평가액을 산정하는 것이 조금 더 유리하다.

낙찰자는 오랫동안 농업에 종사하여 장기영농인 혜택을 받았고 운이 좋게도 개발계획이 적기에 발표되어 감정평가로 농지연금을 신청했다.

매월 수령하는 금액은 300만 원에 조금 못 미쳤고 더욱 놀라운 사실은 소문만 있던 농지의 개발계획이 가시화되었다는 것이다. 농지연금을 추천한 자식은 개발계획에 대한 기대감을 한껏 높일 수 있고 낙찰자는 걱정 없이 농지연금을 수령할 수 있었다.

안정적인 농지연금은 부모가 수령하고, 향후 개발에 대한 기대는 자식이 만족하는 경매농지의 농지연금 롤모델이 되기에 충분했다.

2021 타경

담당계

소재지	충남 아산시 배방읍 북수리 [도로명 검색]				
물건종류	전	사건접수	2021.10.29	경매구분	임의경매
건물면적	0㎡	소유자	김OO	감정가	589,726,000원
대지권	2043㎡ (618.01평)	채무자	김OO	최저가	(70%) 412,808,000원
매각물건	토지전부	채권자	농OOOOO	입찰보증금	(10%) 41,280,800원

입찰 진행 내용

물건 사진 [사진 더 보기]

구분	입찰기일	최저매각가격	상태
1차	2022-09-19	589,726,000	유찰
2차	2022-10-17	412,808,000	낙찰
낙찰 445,000,001원 (75%) (응찰 : 3명 / 낙찰자 : 김OO / 차순위 : 441,090,000) 매각결정기일 : 2022.10.24 - 매각허가결정 대금지급기한 : 2022.11.22 대금납부 : 2022.11.11 / 배당기일 : 2022.12.01 배당종결 : 2022.12.01			
종국결과	2022-12-01	0	배당

네모반듯한 땅이 더 좋아?

농지연금에 대한 장점을 들으면 나는 아직 젊기에 나와는 맞지 않는다고 생각하는 사람이 있지만 다른 누군가는 연로한 부모님을 생각하는 경우도 있다. 특히 오랫동안 농업에 종사해 온 부모님이 있다면 더욱더 농지연금에 마음을 뺏긴다.

농지연금이라는 투자 방법을 처음 알게 되면 '정말로 이렇게 수익이 괜찮을까?' 하는 반신반의하는 마음이 든다. 그다음에는 자신의 상황과 여건을 생각해 본다. 그러다가 점점 부모님이나 친인척으로 점차 영역을 넓힌다.

농지연금 상품은 표면적으로 고령 농업인의 농지를 담보로 하여 매달 연금 상태로 돈을 지급하는 것이지만 냉정하게 따지고 보면 일종의 대출 상품이다. 연금이라는 단어와 대출기관이 믿을만하다 보니 안정적으로 느껴져 마음을 흔든다.

　나이가 젊은 30~40대는 농지연금에 대한 이야기를 느긋하게 듣는다. 아직은 농지연금을 준비할 나이가 아니어서 크게 관심은 없지만 알아둬서 나쁠 것은 없다는 마음으로 강의를 듣는 것 같다.

　초롱초롱한 눈빛으로 꽤 열심히 강의를 듣던 분이 있었다. 평소 신중하게 경매물건을 바라보던 분이었는데 이번에는 달랐다. 이 물건은 무조건 입찰하겠다고 선언했다.

입찰을 결정한 물건은 오랜 경력의 농업인인 부모님에게 딱 어울리는 것이었다. 처음부터 농지연금을 목표로 자신이 아닌 부모님을 위한 것으로 설정하니까 선택지가 많이 넓어졌다.

이 물건은 일반 투자자들이 선호하지 않는 농업진흥구역 내의 농지이기 때문에 많은 입찰자들이 몰리지 않을 것으로 예상했다. 또, 부모님이 거주하고 있는 곳과 연접된 시·군·구, 또는 직선거리 30km 이내인 곳이어서 농지연금을 신청하는 데 무리가 없었다.

농지연금용 경매물건을 고를 때 많은 사람들이 착각하는 몇 가지가 있다. 하나는 농지연금용 농지라고 하니까 많은 사람들이 응찰하지 않을 것이라 생각하는 것이고, 또 하나는 가격도 아주 똥값으로 떨어질 것이라고 착각한다. 이것은 이 경매 세계를 전혀 모르는 사람들의 생각이다.

이 세계에서는 가격이 저렴하면 똥도 쓸모 있게 보이는 곳이고 조금만 쓸모가 있겠다 싶으면 영화에 나오는 좀비처럼 응찰자들이 몰려온다. 부동산은 입지가 최고라고 말하지만 여기서는 가격이 왕이다.

응찰자가 없어서 세 번이나 유찰되니 가격이 절반 아래까지 떨어졌다. 이렇다 보니 농지 자체가 아니고 가격이 먼저 눈에 꽂힌다. 부동산 경매를 조금이라도 지켜본 사람들은 다 알겠지만 감정가격에서 절반 이하로 떨어지게 되면 많은 사람이 몰린다. 많은 사람들이 몰리면 그중에서 꼭 욕심을 내는 사람이 있다. 엉뚱하게 높은 가격에 낙찰자가 나오는 것은 그만큼 지켜보고 있는 사람이 많다는 것이다. 그래서 절반 이하로 떨어진 물건은 사람이 몰리기 전 가격을 생각해야 한다. 최저가격에서 조금 올려 응찰하려고 한다면 그냥 집에서 밀린 드라마나 보는 것이 낫다. 이럴 때는 전 회차 금액을 기준으로 얼마나 낮춰 쓸지를 생각해야 한다. 또 때에 따라서는 전 회차를 넘길 각오도 해야 한다.

이 물건의 응찰자는 총 14명이었다. 전 회차 최저가격에서 살짝 내려서 입찰한 회원이 낙찰했다. 차순위의 금액, 그러니까 2등 한 금액은 본래 의미 없는 것이지만 백만 원도 차이가 나지 않아 낙찰자의 기분을 구름 위로 밀어 올려주었다.

대부분의 낙찰 이야기는 여기서 끝을 맺는다. 하지만 낙찰이 목적이 될 수 없기에 다음 이야기를 안 할 수 없다. 낙찰 이후에 얼마나 손이 많이 가는 일들이 기다리고 있는지 안다면 경매를 시작하지 않을 수도 있다.

낙찰의 기쁨으로 환호성을 지르고 나면 소유권을 이전해야 하는데 이 절차는 생각보다 너무나 쉽다. 대출을 받지 않는다면 셀프로 등기를 신청할 수 있다. 이 방법은 유튜브를 몇 번 검색해봐도 나오는 내용이기 때문에 굳이 적지는 않겠다. 대출을 받는

다면 대출 상담사를 통한 법무사 사무실에 위탁하면 된다.

그다음 일은 누구에게 맡길만한 것이 아니다. 소유자로서 직접 해야 하는 일들이 기다리고 있다. 때로는 껄끄럽고 번잡할 수 있지만 다른 사람에게 시킬 수는 없는 일이다.

낙찰한 농지는 본래 논이었다. 그 논을 갈아엎고 난 후 포도나무를 심었는데, 나무 상태를 보니 심은 지 꽤 오래되었다. 아무리 매각물건명세서에 수목을 포함하여 매각한다고 되어있고, 낙찰하여 소유권 이전까지 하였지만 수년간 멀쩡하게 포도 농사를 짓고 있는 임차인에게 포도나무를 포기하라고 하는 것은 쉽지 않은 일이다.

포도밭은 임차인에게 직장이고 포도 농사는 생계 수단이다. 이런 농지의 낙찰자라고 해서 개선장군이 전리품을 챙기듯 포도밭을 뺏는 것은 도리에서 벗어난 일이다.

당연히 서로 간의 원만한 협상을 해야 한다. 하지만 원만한 협상이라는 것이 말이 쉽지 서로 얼굴을 마주하면 가장 어려운 일로 바뀐다. 서로 입장이 다르고 다른 방식으로 생각하기 때문에 쉽게 협상이 되지 않는다.

임차인 입장에서는 지금까지 몇 년간 뼈 빠지게 포도나무를 가꾸고 농사지은 것을 한순간에 빼앗는다고 생각할 것이고, 낙찰자는 내가 돈을 내고 소유권 이전을 했는데 왜 저렇게 몽니를 부리는 것인지 이해가 되지 않을 것이다.

낙찰자 입장에서 이 농지는 2년 후 농지연금을 신청할 때 농지로 유지되어 있어야 한다. 하지만 임차인이 포도나무를 계속 관리하면서 억지를 부리게 되면 그때 어떤 난처한 일이 생길지 모른다.

임차인 입장에서는 하루아침에 포도 농사를 포기할 수 없다. 각자 원하는 것이 있기 때문에 한 발씩 양보해야 한다.

몇 차례 어색한 만남을 거쳐 임차인이 포도 농사를 계속하는 것으로 하고 낙찰자는 약간의 지료와 포도를 현물로 받는 것으로 결론 냈다. 서로에게 필요한 것을 잘 챙긴 협상이라고 생각한다.

낙찰자의 부모님은 이미 영농경력 5년 이상을 확보한 농업인이다. 당연히 농지를 소유한 기간이 2년이 넘으면 농지연금을 신청할 수 있다. 하지만 여기에서 농지연금 상품을 신중하게 선택해야 할 필요가 있다.

60세가 넘었기 때문에 무조건 농지연금을 신청하는 것이 이득일까? 그렇지 않다. 농지연금의 최대 단점은 한번 설정된 평가금액은 변동되지 않는다는 것이다. 그래서 해마다 오르는 공시지가는 농지연금 해약을 일으키는 가장 큰 주범이다.

2024년 3월 새롭게 생긴 농지이양은퇴직불 상품은 적은 담보평가액으로 종신형보다 더 많은 농지연금을 받을 수 있다. 대신 이 상품의 가입 조건은 더 까다롭다. 영농경력이 농지연금 신청 직전까지 10년 이상이어야 하고, 농지를 소유한 지 3년 이상이어야 한다. 또 아무 농지나 신청이 가능하지 않고 농업진흥구역이나 농업보호구역 내의 농지만 가능하다. 농지연금을 신청하는 나이도 65세 이상이어야 하고, 매월 일정 금액의 직불금을 최대 10년간 지원받을 수 있다.

이런 조건을 맞추면 감정가 3억 5,000의 농지로 월 최대 300만 원의 농지연금을 신청할 수 있고, 면적에 따른 직불금과 임대료도 추가로 받을 수 있다.

여러 가지 조건을 따져봐도 낙찰한 농지가 이 조건에 딱 부합

한다. 여기에 공시지가보다 낮은 가격으로 낙찰했으니 농지연금을 늦게 신청할수록 이익이 더 크다는 것을 알 수 있다. 농지연금의 인적요소와 물적요소 조건까지 완벽하여 농지연금 상품 중 어떤 것이라도 입맛에 맞게 고를 수 있다.

이렇듯 농지 경매에서 농지연금을 어떻게 활용하느냐에 따라서 예쁜 금덩어리가 될 수도 있고 두고두고 천덕꾸러기나 애물단지가 될 수도 있는 것이다.

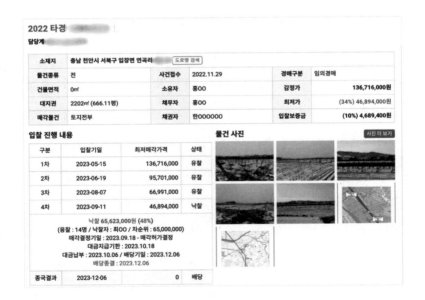

똑똑한 효자

요즘 세상에 효자와 불효자를 가르는 기준이 얼마나 명확하겠느냐마는 예나 지금이나 돈이 없으면 효자는커녕 자식 노릇 하기도 힘들다.

농지연금 강의를 할 때마다 눈에 띄는 젊은 사람들이 있다. 이들은 대부분 부모님의 노후를 위해 농지연금을 준비하려는 사람들이다. 그 마음이 기특한 것은 분명 맞지만 농지연금에 대한 정보를 제대로 알고 활용하기란 생각보다 쉽지 않다. 더구나 부모님이 이미 농업인이고 영농경력이 5년 이상인 상태에서 농지연금 신청이 가능한 연령이 되었다면 농지연금에 어울리는 농지는 마음만 급할 뿐 잘 보이치 않는다.

농지연금에 어울리는 농지는 절대로 농지(?)처럼 보이는 그런 농지가 아니다. 실제로 경매에 나온 물건 중에 농지연금용으로 괜찮으니 현장을 보고 오라고 하면 열에 아홉은 고개를 가로저으며 실망을 가득 안고 돌아온다. 그만큼 내가 추천하는 농지연금에 어울리는 경매농지는 사람들에게 현실의 냉정함을 안겨준다.

땅 모양이 직사각형에 평평하고 오와 열을 잘 맞추어 채소가 잘 자라고 있는 농지를 낮은 가격에 살 수 있을까? 반대로 제멋대로 생긴 데다가 경사가 지고 쓰레기가 굴러다녀서 누구 하나 거들떠보지 않는 농지를 비싼 가격에 사서 농지연금으로 활용한다고 하면 이것이 이치상 맞는 것인가?

일반 사람들의 생각을 가지고 농지연금용 농지를 보면 선택의 기준이 없어서 농지를 고를 수가 없다. 그래서 농지연금으로 농지를 고르려면 멀쩡하지 않은 농지를 멀쩡하게 바꾸어 놓았을 때의 가치를 예측할 수 있어야 한다.

솔직히 젊은 사람들에게 이런 농지를 고를 수 있는 용기를 가져야 하고 과감하게 결정을 해야 할 때는 망설이지 말라고 이야기하면 앞에서는 '네, 알겠습니다.'라고 하지만 뒤에서는 '꼰대 같은 소리를 한다.'고 욕한다.

〈경매스쿨 현미경〉 강의에 젊은 부부가 왔다. 몇 주를 빠짐없이 열심히 오다 보니 나의 눈에 들게 되었다. 자연스럽게 부모님을 위한 농지연금용 농지를 찾고 있다는 것을 알게 되었다.

농지연금용 농지가 되었든 그냥 토지가 되었든 토지경매의 1차 목적은 저렴하게 낙찰하는 것이다. 이제는 저렴하게 살 수 있는 땅은 누가 봐도 문제가 많은 땅이라는 것을 한눈에 알 수 있어야 한다.

토지경매에서 가격이 착하게 떨어지면 어떻게 될까? 은둔 고수부터 초보자, 그리고 가격에 매혹되어 아무런 준비가 없는 사람들까지 '이게 웬 떡이냐!' 하고 좀비처럼 달려든다.

이 물건도 마찬가지였다. 수강을 시작하고 이제까지 한마디 말도 꺼내지 않은 신사부터 갓 들어온 신입생까지 낙찰이 될만한 입찰가격을 알려달라는 눈인사를 대놓고 날린다. 그러나 입찰가격을 알려주어도 나에 대한 의심과 낙찰 이후의 처리 과정에 대한 불안감으로 알려준 금액으로 쉽게 입찰하지 못한다. 입찰자의 불안감은 지식과 경험이 없을수록 상상을 초월하는 경우가 많다.

2022 타경					경매4계 041-620-3074
소재지	충청남도 아산시				
용도	답	채권자		감정가	253,350,000원
토지면적	1689㎡ (510.92평)	채무자		최저가	(17%) 42,580,000원
건물면적		소유자		보증금	(10%)4,258,000원
제시외		매각대상	토지매각	청구금액	41,297,599원
입찰방법	기일입찰	배당종기일	2022-04-26	개시결정	2022-01-19

기일현황　▼간략보기

회차	매각기일	최저매각금액	결과
신건	2022-06-13	253,350,000원	유찰
2차	2022-07-18	177,345,000원	유찰
3차	2022-09-19	124,142,000원	유찰
4차	2022-10-17	86,899,000원	매각
/입찰1명/낙찰87,000,000원(34%)			
	2022-10-24	매각결정기일	허가
	2022-11-22	대금지급기한	미납
4차	2022-12-26	86,899,000원	유찰
5차	2023-02-06	60,829,000원	유찰
6차	2023-03-13	42,580,000원	매각
/입찰9명/낙찰68,404,567원(27%)			
2등 입찰가 : 63,330,000원			
	2023-03-20	매각결정기일	허가
	2023-04-18	대금지급기한	

　　경매물건을 천천히 보면 입찰자들의 치열한 눈치 싸움과 수 싸움이 짐작되는 경우가 있다. 이 물건은 2억 5,000 정도의 감정 가격에서 세 번 유찰되자 최저가격이 8,700만 원이 되었다. 감 정가격에서 34%까지 떨어지니까 드디어 낙찰자가 나왔다.

　　하지만 낙찰자는 매각허가결정을 받고도 대금지급기한이 될 때까지 잔금을 납부하지 않았다. 부동산 경매에서는 대금지급기 한까지 잔금을 납부하지 않으면 보증금을 미반환하고 다시 경매 를 진행한다. 첫 낙찰자는 870만 원 정도의 보증금을 잃었다.

　부동산 경매에서 낙찰자가 잔금을 납부하지 않는 미납은 다음 입찰자에게 큰 영향을 준다. 다음 입찰자는 알 수 없는 전 낙찰자의 미납 이유를 마치 탐정처럼 찾아 헤맨다. 하지만 어디에서도 그 이유를 알 수 없다.

　상황이 이렇게 진행되니 불안감은 더욱 증폭되어 이 농지가 농지연금용이라는 사실을 잊게 만든다. 의미 없는 맹지가 마음에 걸리고 주변에 있는 송전탑까지 꺼림칙해서 형사가 사기꾼의 조서를 보듯 꼼꼼히 보고 또 본다.

구분	성립일자	권리종류	권리자	권리금액	상태	비고
갑1	1988-02-17	소유권	유O		이전	매매
을2	1999-10-07	지상권	아OOOOO		인수	
을3	2008-03-25	(근)저당	아OOOOO	150,000,000원	소멸기준	
갑2	2021-07-23	가압류	아OOOOO	35,963,047원	소멸	
갑3	2021-09-30	가압류	영OOOO	20,417,246원	소멸	
갑4	2022-01-19	임의경매	아OOOOO	청구 41,297,599원	소멸	

명세서 요약사항 ▶ 최선순위 설정일자 2008.03.25. 근저당권

소멸되지 않는 등기부권리	해당사항 없음
설정된 것으로 보는 지상권	을구 2번 지상권(1999. 10. 7. 제33173호). 이에 대해 지상권자인 신청채권자의 말소동의서가 제출되어 있음
주의사항 / 법원문건접수 요약	농지취득자격증명 필요(미제출시 보증금 미반환)

미납으로 다시 시작된 경매는 한 번 더 유찰되어 최저가격이 6,000만 원대까지 떨어졌다. 하지만 불안한 입찰자들은 눈치만 볼 뿐이었다. 부동산 경매지식이 조금만 있어도 금융기관에서 근저당을 위해 설정한 지상권은 말소기준권리보다 선순위라고 하더라도 인수사항이 아니고 말소사항이라는 것을 금방 눈치챌 수가 있다. 하지만 경매정보지에 빨간 글씨로 '인수'라고 써있는 데다가 전 낙찰자의 미납으로 생긴 공포는 쉽게 사라지지 않았다.

여기에서 한 번 더 떨어져 최저가격이 4,000만 원대가 되자 금융기관에서는 부랴부랴 말소동의서까지 제출하는 촌극이 벌어졌다. 누군가 은행 대부계 담당자에게 채권을 조금이라도 더 회수하려면 지상권 말소동의서라도 제출하라고 귀띔이라도 해줬나 보다.

최저가격이 주는 욕심은 입찰 참가자들의 욕망을 자극하기 시작했다. 여기서부터 농지연금 지식을 얻은 사람들이 직간접적

으로 연락하기 시작했다. '농지연금이 될 수 있느냐?', '농지연금으로 이익이 난다면 어느 정도 이익이 될 수 있느냐?' 기본 지식도 없는 사람들의 밑도 끝도 없는 질문에 나는 귀를 막고 있었다. 이때 젊은 부부가 이 농지를 부모님을 위한 농지연금으로 활용하고 싶다고 넌지시 계획을 들이밀었다.

주말을 쉬는 시간으로 쓰기에도 부족할 텐데 매주 꼬박꼬박 수강하러 온 데다가 요즘 젊은 사람 같지 않게 부모님을 생각하는 마음이 기특하여 입찰가격을 같이 고민해 보기로 했다.

경매정보지상의 분위기로 보니 이번에는 낙찰자가 나오는 것이 당연해 보였다. 분명 여러 명의 입찰자가 나올 것이라 생각했기

때문에 입찰자들이 몰리는 5,000만 원대를 입찰가격으로 선정하기에는 무리가 있었다. 게다가 법원감정가격이 2억 5,000만 원대인 농지가 4,000만 원대까지 떨어지니 맹지도 당연한 것으로 보이고 농지 옆에 있는 전력선 철탑도 인정할 수 있는 넉넉한 마음이 돋아났다. 6,000만 원은 전 회차 가격이지만 이제 이런 것을 신경 쓰면 낙찰은 물거품이 될 상황까지 분위기가 달아올랐다.

상황이 이렇다 보니 하나둘 나에게 이 물건에 대해 연락이 왔다. 나는 전 회차 가격을 넘기는 것이 낙찰에 근접할 것 같다고 말했다. 결론부터 말하면 이 물건의 1등부터 3등까지 모두 나에게 연락을 준 사람들이었다.

젊은 부부는 전 회차를 훌쩍 넘겨서 6,800만 원 정도에 낙찰했다. 속 모르는 사람들은 최저가격이 4,200만 원 정도인데 아무리 부모님을 위한 농지연금용이라고 해도 너무 비싼 가격에 장만한 것 아니냐고 혀를 끌끌 찼다. 하지만 젊은 부부는 농지연금의 담보평가의 기준을 공시지가에 맞춰야 한다는 사실을 누구보다도 잘 알고 있었다. 똑똑한 효자 탄생을 알리는 서막이자 이 부부의 농지연금용 농지매입의 첫 번째 신호탄이었다.

농지연금에 맞는 농지를 길이 있고 최적의 작물 생육환경을 제공하는 기름진 옥토로 선택한다고 하면 처음 생각부터 잘못

되었다. 맹지는 기본이고 여기에 남들이 좋아하지 않는 조건을 장착한 똥값 농지여야 한다. 한마디로 가격이 착하면 모든 비호감을 용서할 수 있다는 것이다.

젊은 부부는 이런 것들을 재빠르게 눈치챘다. 여기에 가격 눈썰미도 좋아서 보이는 가격이 아닌 공시지가의 기준가격을 영리하게 이용했다. 남들은 최저가격과 전 회차 가격에서 이익을 저울질하고 있을 때 전 회차 가격을 넘기더라도 공시가격 아래에서 낙찰이 가능하다는 것을 일찌감치 간파해 낸 것이다.

젊은 부부가 농지연금용 농지 경매에서 출구전략을 어떻게 세우고 또 낙찰 이후 어떤 전략으로 어떻게 대응하고 있는지 나는 계속 보고 있다. 말하지 않아도 이미 진입로 쪽의 목장 주인에게 음료수를 사 들고 갔다고 한다.

얼마 전 젊은 부부의 남편이 조용히 나타나 새롭게 낙찰받은 농지를 슬쩍 자랑하고 갔다. 다른 것은 모르겠고 낙찰한 농지의 지적도 색깔이 노란색이었다. 이제 장인어른의 농지연금을 준비할 것이라고 말하며 살짝 커피 한 잔을 내밀고 돌아갔다.

앞으로 젊은 부부가 효자가 될지 알 길은 없지만 계획한 대로 된다면 분명 똑똑한 효자가 될 것이다.

이 세계에서 지식은 곧 돈이고 힘이다. 아는 만큼 보이는 것이고, 보이는 만큼 얻는 것이 당연한 이치다.

서울특별시 서초구 농지연금

땅이 주인을 선택하는 것일까? 아니면 주인이 땅을 알아보는 것일까? 이 질문을 제법 진지하게 고민해 보았지만 쉽게 답이 나오지 않았다.

농지연금에 맞는 농지는 상속을 받은 농지도 아니고 증여를 받은 농지도 아니다. 대대손손 물려받은 땅을 내 대(代)에서 끝내는 것은 맞지 않다.

농지연금은 누가 봐도 하자가 많아서 농지로 사용하기에 만만치 않은 장애물이 있어야 한다. 그래야 시간이 지날수록 이익이 커진다. 이런 생각을 처음부터 끝까지 유지해야 한다. 이런 생각을 가지고 유지하는 사람과 그렇지 않은 사람의 차이는 처음에는 별것 아닌 것 같아도 시간이 지날수록 커진다.

오랫동안 농지 경매물건을 쳐다보았어도 농지라는 단어가 주는 선입견 때문에 서울에 농지가 남아 있을 것이라고 생각하지 못했다. 이것은 나뿐만 아니라 농지연금을 염두에 두고 농지를 고르는 사람들 대부분이 갖는 선입견일 것이라 생각한다.

어느 날 별생각 없이 공매에 나온 농지를 검색하려고 모니터를 쳐다보는 중에 숨이 턱 하니 막히면서 동공이 커졌다. 순식간에 '이것은 농지연금이다.'라는 생각에 곧바로 자리를 박차고 나갔다. 계속 말하지만 농지연금용 농지는 멀쩡한 농지가 아니다. 농지연금에 부합되는 농지는 자체적인 하자가 기본적으로 2개 이상 깔려있어야 한다. 그래야 가격도 착하게 떨어지고 사람들의 관심에서 멀어진다. 너무나도 당연한 이야기지만 사람들의 관심이 올라가면 낙찰가격을 예측하기가 힘들어진다.

소재지	서울특별시 서초구 내곡동				
유찰횟수	6 회	물건상태	낙찰	감정가	501,840,000원
물건용도	전	입찰방식	일반경쟁(최고가방식)	최저가	(50%)250,920,000원
위임기관		공고일자	2022-12-14	배분종기일	2023-01-16
납부기한		낙찰금액별 구분		종류/방식	압류재산 / 매각
면적(㎡)	전612㎡				

회차	입찰일자	개찰일시	최저입찰가	결과
4	2023-01-30 10:00 ~ 02-01 17:00	2023-02-02 11:00	501,840,000원	유찰
5	2023-02-06 10:00 ~ 02-08 17:00	2023-02-09 11:00	451,656,000원	유찰
6	2023-02-13 10:00 ~ 02-15 17:00	2023-02-16 11:00	401,472,000원	유찰
7	2023-02-20 10:00 ~ 02-22 17:00	2023-02-23 11:00	351,288,000원	유찰
8	2023-02-27 10:00 ~ 02-28 17:00	2023-03-02 11:00	301,104,000원	유찰
9	2023-03-06 10:00 ~ 03-08 17:00	2023-03-09 11:00	250,920,000원	유찰
19	2023-05-15 10:00 ~ 05-17 17:00	2023-05-18 11:00	250,920,000원	낙찰

　　농지연금용 농지를 고를 때 계획관리지역은 좋고 개발제한구역은 좋지 않다고 생각하는 것은 선택지만 좁힐 뿐 큰 도움이 되지 않는다. 오히려 농지연금으로 이익이 된다고 생각하면 일반 사람들이 좋다고 생각하는 용도지역이나 용도구역을 생각하지 말아야 한다. 일반 사람들과 반대로 생각해야 경쟁 없이 저렴하게 농지를 살 수 있다. 저렴하게 사기 전에 하자를 어떻게 치유할 것인지 방법적인 출구전략만 세우면 된다.

　　내 가슴을 두근거리게 했던 이 농지를 나는 여러 사람에게 농지연금으로 딱 맞고 확실한 이익을 가져다줄 것이라고 이야기했다. 하지만 농지연금의 이해도가 낮아서인지 돌아오는 대답은 너무나 평범했다.

"개발제한구역이에요."

"농지연금으로 사용하려고 한다면 개발제한구역은 아무런 문제가 되지 않습니다."

"길이 없는 맹지에 풀이 너무나 수북해요."

"맹지이기 때문에 이 가격까지 떨어지는 것이고 풀이 묵은 것은 치우면 됩니다."

이런 뻔한 대화를 여러 번 하다 보니 사람들의 머릿속에 깊게 박혀있는 농지의 고정관념이 얼마나 강력한지 깨닫게 되었다.

〈경매스쿨 현미경〉 강의에서 여러 번 이 물건에 대한 장점과 특징을 이야기했더니 수강생 몇 명이 현장조사를 다녀왔다. 하지만 직접 현장에 나가 물건을 확인한 사람들의 실망은 보지 않은 사람보다 훨씬 더 컸다.

현장에서 만난 동네 사람들은 이 농지에 대한 단점만 늘어놓았고, 유일한 진입로처럼 보이는 곳의 점유자는 기세등등하게 현장조사 하러 온 사람들을 쫓아냈다. 농지에 쉽게 진입할 수 없다는 사실은 관심을 보였던 사람도 돌아서게 만들었다.

하지만 이 농지는 의외로 간단한 생각을 가진 사람이 차지하였다.

"어차피 농지연금으로 사용할 것이고 건물을 지을 것도 아닌데 맹지가 무슨 상관이에요? 농지로 만들면 되는 것 아닌가요?"

이런 단순한 생각을 가지고 단독낙찰 했다. 누구는 길이 없어서 힘들고 점유자 때문에 진입 자체가 쉽지 않다고 했지만 낙찰자는 중장비를 불러 쉽게 이 땅을 농지로 정비했다. 많은 사람의 걱정은 의외로 간단히 해결되었다. 땅 주인은 맹지나 진입로의 문제가 아닌 농지로 만들고 농지로 유지하는 것에 더 큰 우선순위를 두어야 한다는 것을 알고 있었다.

　이 농지가 농지로서 기능을 되찾게 되자 많은 사람들이 부러워했다. 처음 현장조사를 다녀왔던 사람들은 자기도 할 수 있었을 것이라며 후회하였다. 그 후 사람들은 이 물건과 비슷한 농지를 앞다투어 찾기 시작했다. 나도 열심히 찾고 또 찾았다. 그러나 서울특별시 강남구, 서초구, 송파구 이른바 강남 3구의 농지는 더 이상 나오지 않았다.

　몇 해 전 국토교통부 장관이 아파트를 공장에서 나오는 빵이 아니라고 비유했던 것이 생각난다. 농지도 마찬가지이다. 빵처럼 필요한 만큼 찍어낼 수 없기에 농지의 가치와 가격은 부증성과 희소성에 의해서 결정된다. 강남 3구에서 농지라고 볼만한 농지는 더 이상 나오지 않았다. 이 농지의 가격 상승은 불 보듯 뻔한 것이다.

얼마 전 이 땅의 주인을 만나 처음 감정가격 정도에 농지를 매도하는 것은 어떤지 넌지시 의사를 물어보았다.

"아무리 농지연금으로 활용성이 좋다고 하더라도 높은 가격을 제시하면 팔아야죠. 하지만 처음 감정가격을 말씀하시면 명확하게 거절하겠습니다."

엷은 웃음 속에 단호함이 묻어나와 다음 말을 꺼내지 못하였다.

혹시라도 매매 의사가 있을지 몰라서 기대하는 사람들이 있을까 봐 내가 대신 물어봤으니 일찌감치 꿈 깨라고 다시 한번 말한다. 땅 주인은 이 땅을 쉽게 매도하지 않을 것이고, 만약 판다고 하더라도 매도가격은 감정가격이 아니라 시간이 지남에 따라 올라간 가격이 되었다고.

이 농지가 땅 주인을 선택한 것인지 아니면 땅 주인이 이 농지를 알아봤는지에 대해 제법 진지하게 생각해 보았으나 여전히 해답을 찾지 못했다. 다만 말끔하게 바뀐 농지의 모습이 머릿속을 떠돌고 있었다.

끝날 때까지 끝난 것이 아니다

"스승님, 못난 제자는 떠먹여 주는 밥도 제대로 주워 먹지 못하고 이렇게 끝을 맺고 말았습니다."

첫 경매물건을 낙찰받고 점유자와 지료 협상을 마친 그녀가 감정이 격해져서 이런 말을 마구 쏟아냈다. 하지만 나는 그녀를 다독일 수밖에 없었다.

"이미 지나간 일이고 다 끝난 일을 후회한다고 해서 다시 되돌릴 수 있는 것이 아닙니다."

낙찰자에게 유리한 협상이라고 판단했으나 상대방의 대응 전략이 훨씬 더 치밀하고 탄탄했기 때문에 그녀는 생각했던 것보다 더 고전했다. 결국 그녀는 처음 생각한 만큼의 이익을 가지고 돌아오지 못했다. 때문에 자신에게 실망했고 내 기대에 부응하지 못한 것을 자책했다.

"그렇게 생각할 일이 아닙니다. 이번 일 한 번으로 모든 것이 끝났다고 생각하면 더 나아갈 수 없습니다. 후회는 할 수 있지만 제 경험상 끝날 때까지 끝난 것이 아니니 너무 마음에 크게 담아두지 마십시오."

부동산 경매에서 원하는 수준의 결과를 얻지 못하여 실망하는 마음을 알지만 손실로 인한 내상보다 낫다. 그녀의 실망은 기대했던 이익의 크기가 작아진 것뿐 이익이 사라진 것은 아니었기에 크게 염려할 수준은 아니었다.

세상이 꺼질듯한 실망도 시간이 지나고 나니 언제 그랬냐는 듯이 정상으로 돌아왔다. 그녀는 또다시 〈경매스쿨 현미경〉 물건 분석 강의 중에 나온 경매물건을 자신이 입찰하겠다고 호기롭게 손을 들었다. 이 농지는 누가 봐도 농지연금용 농지는 아니지만 부모님을 위한 농지연금으로 사용하겠다고 하니 그것을 누가 말리겠는가.

농지처럼 보이지 않은 농지지만 주변 도시화 영향으로 가격이 제법 짱짱한 물건이었다. 부동산 경매 심리상 자신이 마음에 둔 물건을 자꾸 검색하고 쳐다보면 입찰 날짜가 다가올수록 입찰가격이 점점 올라가는 신기한 경험을 하게 된다.

수원지방법원	대법원바로가기	법원안내				가로보기	세로보기	세로보기(2)

2022 타경		물번1 [배당종결] ∨				
소재지	경기도 오산시					
용도	답	채권자	대□□□□□□	감정가	487,256,000원
토지면적	1078㎡ (326.09평)	채무자	이○○	최저가	(70%) 341,079,000원
건물면적		소유자	이○○	보증금	(20%)68,215,800원
제시외		매각대상	토지매각	청구금액	1,016,860,546원
입찰방법	기일입찰	배당종기일	2022-09-29	개시결정	2022-07-13

기일현황			▼간략보기
회차	매각기일	최저매각금액	결과
신건	2023-08-29	487,256,000원	유찰
2차	2023-10-05	341,079,000원	매각
강○○/입찰7명/낙찰500,000,000원(103%) 2등 입찰가 : 438,834,000원			
	2023-10-12	매각결정기일	허가
	2023-11-22	대금지급기한	

워낙 이 토지에 대한 욕심이 생기다 보니 그녀는 처음 마음먹
었던 가격보다 한참 올린 가격으로 입찰했다. 하지만 2등으로
패배의 쓴맛을 보았다. 분명 신건에서 한 번 유찰된 물건인데 감
정가격을 넘겨 5억에 낙찰되었다.

왜 전 회차 금액을 넘겨서 입찰을 할까? 부동산 경매에서 전
회차에 진행된 금액을 넘겨서 낙찰된 물건의 낙찰자는 그 물건
의 이해관계인 경우가 많다. 또, 여러 번 유찰로 가격이 저렴해
져서 많은 관심을 받으니 경쟁이 많아지고 그 물건의 숨겨진 가
치를 발견하는 사람이 생긴다. 이렇게 되면 전 회차의 가격을 넘

기더라도 수익을 남길 수 있을 것이라는 생각이 커지면서 입찰한다. 그러니 여러 가지 여건이 마음에 들고 출구전략이 확실하게 나오는 물건은 자신감을 갖고 입찰하자. 너무 낮은 가격에 입찰하려고 하면 패찰이 잦아진다. 최근에는 하자가 많은 농지연금용 농지도 너무 저렴하게 입찰하여 이익을 크게 가져가려고 하면 낙찰가격과 큰 차이로 패찰하는 모습을 자주 보았다.

이번에도 그녀는 상당히 아쉬워했다. 특히 부모님과 함께 현장조사를 다녀오고 입찰가격에 대해 많은 고민을 해서 그런지 많은 아쉬움에 푸념을 쏟아냈다.

"저렇게 높은 가격에 입찰할 것이면 왜 처음에 입찰하지 않고 한 번 유찰을 시킨 것인지 이해가 되지 않습니다."

"그 이유는 낙찰자만 알 수 있는 것입니다. 그리고 부동산 경매에서 낙찰과 패찰은 늘 있는 일이니 너무나 안타깝게 생각할 필요는 없습니다."

나는 이번에도 그녀의 아쉬움을 적잖이 달랬다.

　도심 주변에 있는 농지는 농지의 역할을 하는 것보다 개발에 대한 기대심리 때문에 가격을 물고 있는 경우가 많다. 이 물건은 개발 가능성이 큰 입지를 가지고 있지만 경지 정리된 농업용 농지로 되어있는 이상 쉽게 무슨 일이 일어날 것처럼 보이지 않았다. 하지만 그렇다고 해서 농지연금으로 사용할 농지는 아니었다.

　꽤 오랫동안 토지경매를 들여다보고 또 강의와 상담을 하다
보니 행운이라는 것이 분명 존재한다고 믿게 되었다. 하지만 이
운이라는 것이 누구에게나 온다고 생각하지는 않는다. 하늘은
노력하는 사람에게는 운이라고 하는 기회를 슬쩍 한번 던져주
고 간다. 다만 그 기회를 선택하는 것도 결국 그 사람의 몫이다.

　아쉬워하던 그녀에게 행운의 기회가 다시 찾아왔다. 전 낙찰
자가 잔금납부를 포기하여 다시 경매가 진행된 것이다. 이것을
재경매라고 하는데, 재경매를 하게 되면 입찰보증금이 최저가
격의 10%에서 20%로 올라간다.

이 바닥 선수들은 재경매를 속칭 패자부활전이라고 부른다. 재경매가 시작되면 더욱더 치열한 물밑 경쟁이 펼쳐진다. 가격에 대한 눈치싸움은 기본이고 왜 잔금을 미납했을까 조사하는 어설픈 탐정까지 나타나기도 한다.

낙찰자가 잔금을 미납하면 지난번 경매에서 아쉽게 패찰한 입찰자들이 다시 우르르 몰려가서 입찰할 것 같지만 현실은 그렇지 않다.

'나도 낙찰하면 무슨 일이 생겨서 저 사람처럼 보증금을 날리지 않을까?'

'이번에 미납이 되었으니까 더 저렴해지면 입찰하는 것이 낫지 않을까?'

이런 생각으로 눈치만 보면서 입찰 자체도 망설이는 일이 비일비재하다.

"끝날 때까지 끝난 것이 아닌 것은 맞는 말인데 이렇게 되면 입찰가격을 어떻게 산정해야 하는 것인지 감이 오지 않습니다."

그녀는 다시 입찰가격을 결정해야 하는 고민에 빠졌다.

낙찰자가 잔금을 미납한 이유를 확실하게 알면 그 이유에 따라 입찰을 할 것인지 포기할 것인지 결정할 텐데 이렇게 아무런 이유도 알 수 없다면 다음 입찰자의 불안감은 생각보다 훨씬 커진다. 따라서 이 경우에는 입찰 자체가 무모한 도전처럼 보일 때가 있다. 물건에 따라서는 한 번 더 유찰시키는 전략이 통할 때도 있지만 이 물건 같은 경우는 도심가의 농지이기 때문에 한 번 더 유찰시켰다가는 개발에 대한 기대심리 때문에 입찰자가 개떼처럼 몰려서 낙찰할 수 있는 확률이 너무나 낮아질 것 같았다.

"확실하게 농지연금용으로 사용한다고 가정하십시오. 다만 농지연금 담보평가를 공시지가가 아닌 감정평가로 금액 산정하고 입찰가격을 결정하십시오."

"그렇다면 지난번 입찰가격보다 더 낮은 가격으로 쓰라는 말씀이시죠?"

그녀는 어떻게든 이 농지를 가져오고 싶은 마음이 큰 것 같았다.

"현재 전 낙찰자의 잔금 미납 이유를 확실하게 알 수 없고 추정만 하는 것이기 때문에 보수적으로 입찰가격을 산정하는 것이 낫습니다. 그래서 이번 경매날짜의 최저가격에서 조금만 올려서 입찰가격을 적어보십시오."

수원지방법원	대법원바로가기	법원안내			가로보기	세로보기	세로보기(2)

2022 타경		물번1 [배당종결] ∨				
소재지	경기도 오산시					
용도	답	채권자	대○○○○○○○	감정가	487,256,000원	
토지면적	1078㎡ (326.09평)	채무자	이○○	최저가	(70%) 341,079,000원	
건물면적		소유자	이○○	보증금	(20%)68,215,800원	
제시외		매각대상	토지매각	청구금액	1,016,860,546원	
입찰방법	기일입찰	배당종기일	2022-09-29	개시결정	2022-07-13	

기일현황			간략보기
회차	매각기일	최저매각금액	결과
신건	2023-08-29	487,256,000원	유찰
2차	2023-10-05	341,079,000원	매각
	강○○/입찰7명/낙찰500,000,000원(103%) 2등 입찰가 : 438,834,000원		
	2023-10-12	매각결정기일	허가
	2023-11-22	대금지급기한	미납
2차	2024-01-22	341,079,000원	매각
	최○○/입찰1명/낙찰353,949,700원(73%)		
	2024-01-29	매각결정기일	허가
	2024-03-07	대금지급기한 납부 (2024.02.20)	납부
	2024-05-22	배당기일	완료
	배당종결된 사건입니다.		

이번 농지 재경매에서 그녀는 지난번 입찰가격보다 무려 7,000만 원을 낮게 적었다. 결과는 단독낙찰이었다. 그녀의 부모님은 낙찰 기쁨을 만끽하면서도 기왕 단독으로 낙찰될 것 같았으면 더 적은 금액을 적는 것이 나았을 것 같다며 아쉬워했다. 그러나 이런 마음은 똥 싸러 들어갈 때와 나올 때 마음이 다른 것과 같은 것이니 웃고 넘기면 된다.

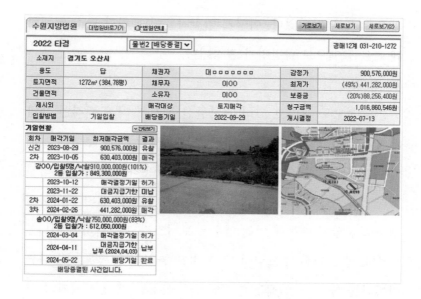

이 경매사건은 번호가 2개로 나누어 각각 경매에 나온 물건인데 그녀가 낙찰한 물건은 1번 물건이었다. 2번 물건도 1번처럼 전 낙찰자가 잔금을 포기했다. 그리고 재경매가 진행되었고 한 번 더 유찰되었다. 상황이 이렇게 되자 그녀는 유찰시키지 않은 판단을 아쉬워했다.

그런데 상황이 재미있게 흘러갔다. 설마설마하던 개발의 기대 심리가 조금 더 구체화되었다. 이렇게 되자 두 번 유찰된 2번 물건에 많은 사람이 몰렸다. 결국 1번 물건은 단독으로 감정가의 73%로 낙찰되었지만 2번 물건은 전 회차를 훌쩍 넘긴 감정가의 83%에 낙찰되었다. 이렇게 입찰자들이 몰리면 다소 엉뚱하게 높은 금액으로 낙찰자가 결정된다.

경매가 모두 끝나고 그녀가 낙찰한 농지에 더 구체적인 개발 계획이 들려왔다. 당연히 그녀의 부모님 땅은 누가 보더라도 배가 아픈 금액이 되었다. 물론 운이 크게 작용하여 극적으로 역전했다고 볼 수도 있다. 하지만 운이 따르지 않았을 때의 계획까지 생각해 놓았기 때문에 이런 행운은 보너스라고 생각하면 된다.

얼마 전 그녀의 부모님이 그 농지로 농업인 등록을 마쳤다는 이야기를 들었다. 이제는 농지연금을 신청할 때 공시지가가 아닌 감정평가로 농지연금 담보평가액을 산정하는 것이 당연해졌다. 물론 농지연금 신청 전에 이 농지의 개발 바람이 더욱 구체화되면 분명 좋은 값에 넘길 수 있을 것이다. 어느 쪽이든 꽃놀이패를 쥔 것은 확실하다.

개발계획이 확정된 곳은 농지연금 신청이 되지 않는다. 그렇다고 해서 무턱대고 개발될 곳을 배제하자는 것이 아니다. 개발계획이 실행되어서 가격이 오르면 좋고 그렇지 않으면 농지연금을 신청하면 된다. 어느 쪽이든 이익이 더 큰 쪽으로 선택하면 된다.

끝날 때까지 끝난 것이 아니기 때문에 끝까지 매달려야 한다.

FARMLAND
AUCTION
STRATEGY

의심과 실행 사이

수년간 농지연금과 토지경매 강의를 하면서 다양한 사람을 만나고 여러 투자자의 생각을 들여다볼 수 있었다. 하지만 대부분은 기존의 알고 있는 것을 뛰어넘어 그 이상을 얻으려는 성실한 노력은 잘 하지 않았다.

이렇게 이야기하면 그들의 노력을 너무나 쉽게 깎아내리는 것이 아니냐고 반문할 수 있겠지만 그런 의도로 이야기를 꺼내는 것이 아니니 오해하지 말기 바란다.

부동산 경매는 돈이 흘러 다니는 곳이다. 그렇다 보니 기회를 기회로 보지 않고 의심의 눈초리로 일단 경계하게 된다. 좋은 기회라는 말로 혹시나 돈을 요구하는 것은 아닌지 또 이 일을 계기로 사기 사건에 연루되어 재산상 손실이 생기는 것이 아닌지 경계하고 또 경계한다.

처음 농지연금 강의를 들을 때에는 하늘이 열리고 새로운 기회를 만난 것 같아 농업인이 되는 조건과 영농경력을 따져 보는 치밀함에 자신도 깜짝 놀란다. 하지만 조금만 시간이 지나면 희망찬 계획과 야심은 또다시 흐지부지되고 당장에라도 조건만 맞으면 실행할 수 있을 것 같았던 열정은 쉽게 사그라든다.

이런 모습을 나는 상당히 많이 보아왔다. 특히 직장인들은 지금 당장 노동력에 기인한 월급을 불안해하면서도 만족하는 이중적인 모습을 보여준다. 그래서 평범한 직장인이 부동산 경매를 통해 농지연금을 준비한다는 것은 말은 간단하게 할 수 있지만 결코 쉬운 일이 아니다. 농지연금은 중·장기 계획으로 준비해야 성공 확률이 높기 때문이다.

어느 날 열정 가득한 직장인이 반짝이는 눈망울로 강의장을 찾아왔다. 워낙 열심히 하기도 했지만 4남매를 키우는 다둥이 아빠여서 머릿속에 남는다.

나는 그가 내게 처음 물어본 질문을 아직도 기억한다.

"이 물건은 맹지이기는 하지만 쓸모가 있을 것 같아서 출구전략을 세웠습니다."

제법 신선한 충격이었다. 보통의 직장인들은 길이 없는 맹지라고 하면 일단 포기하고 보는 일이 다반사여서 맹지를 맹지로 보지 않고 쓸모를 챙기는 것만으로도 반가운 일이었다.

맹지라는 단어는 초보자에게 금기어가 되어버렸다. 어떤 토지이든 길이 없으면 아무것도 할 수 없다는 것이 일반적인 사람들의 생각이다. 그래서 내가 경매 토지 분석 강의에 맹지에 대해 좋은 쪽으로 방향을 틀면 의심의 눈초리를 여과 없이 쏘아댄다.

하지만 모든 맹지가 나쁜 것은 아니다. 오히려 토지 투자에 좋은 기회가 되기도 한다. 생각해 보자. 우리나라 전체 토지 중 맹지가 많을까? 길에 접해있는 땅이 많을까?

토지강의 수강을 시작한 지 얼마 되지 않은 다둥이 아빠가 먼저 맹지라는 말을 꺼냈기 때문에 관심을 가지고 그가 고른 경매 토지를 쳐다보았다.

"이 물건은 이미 몇 년 전 부동산 경매에서 매각된 물건입니다. 그런데 낙찰자가 소유권 이전 후에 아무 일도 하지 않은 채 다시 경매에 등장한 물건입니다. 이런 물건은 의도적으로 다시 경매에 집어넣을 생각으로 준비한 이른바 작업경매입니다."

내 말을 들은 다둥이 아빠는 조사를 더 해보겠다고 하고 총총히 사라졌다. 나는 그가 사라지는 뒷모습을 보면서 보통의 직장인들과 다른 모습을 본 것 같아서 기대를 살짝 하게 되었다.

그 후로 그는 계속해서 강의에 참석하고 현장 임장도 참여하며 부족한 경험을 보완하려는 듯 꽤 많은 경매물건 출구전략서를 보내왔다. 다소 엉뚱한 출구전략도 있었고 현실과 동떨어진 이상적인 출구전략을 보내는 때도 있었다. 하지만 그는 직장인 투자자들의 흔한 고질병인 맹지는 무조건 쓸모가 없다고 판단하는 선입견이 없었다. 오히려 습관처럼 굳어진 고정관념에 생각의 유연성을 심어 넣으려고 애썼다.

그가 몇 년 전 〈경매스쿨 현미경〉 회원이 낙찰한 농지 근처의 농지연금에 어울리는 농지를 골랐을 때도 적잖이 놀랐다. 왜냐하면 초보자들은 절대로 이런 물건을 선택하지 않기 때문이다. 농지연금으로 선택한 물건은 만약 여러 가지 여건과 상황이 맞지 않아 농지연금으로 받아들여지지 않으면 아무짝에도 쓸모없는 농지를 대대손손 가지고 있는 것과 다를 바가 없다. 그래서 초보자들은 농지연금제도를 의심한다. 게다가 연초가 되면 농지연금 규정이 조금씩 바뀌는데 예상치 못한 규정이 나오면 그럴 줄 알았다고 하면서 농지연금을 믿는 사람을 순식간에 팔푼이 취급한다. 세상에 변하지 않고 영원한 제도가 어디 있단 말인

가? 전체적인 틀을 이해하지 못하고 단편적인 규정에 얽매여서
는 농지연금뿐만 아니라 부동산 경매 자체를 이해할 수 없다.

그는 여러 번 토지강의에 눈도장을 찍더니 이제는 지적상 맹
지와 현황상 맹지가 다르다는 것도 이해하고 농지연금의 면적
규정과 농업인 등록의 면적 규정도 다르다는 것을 구별하였다.
하지만 그가 아무리 출구전략을 잘 계획한다고 하여도 초보자
들의 부족한 경험을 단번에 메울 수는 없었다.

몇 번의 입찰과 패찰을 통해 부동산 경매의 분위기를 하나씩 몸
으로 배워나가면서 그는 조금씩 두각을 나타내기 시작했다. 경매
를 처음 시작했을 때의 두려움과 의심은 사라졌고 직접 실천하면
서 현장의 대응력과 이론이 다르다는 것을 느끼게 되었다.

직장인 투자자들은 단기적인 수익전략을 최우선으로 꼽는다.
그것은 부동산에 대한 의심이 크기 때문에 치고 빠지는 것을 빠
르게 해야 한다는 생각 때문이다. 하지만 부동산은 수익적인 측
면에서 보면 중·장기로 계획하는 것이 단기보다 훨씬 더 낫다.

하지만 직장인들은 현재의 안정감을 만족하는 경우가 많다.
나이가 들수록 노동력으로 인한 수입이 감소하는 것을 쉽게 인
정하지 않고 노후가 불안하기는 해도 당장 무엇이든 실행해야
한다는 것을 망설인다.

그는 망설이지 않고 실행했다. 현장을 꼼꼼히 보고 분석하면서 물건 주변의 입지와 여건을 눈에 담아두면서 기다렸다. 부동산 경매에서 기다림은 대단한 내공을 가지고 있어야 할 수 있다. 그래서 나는 버티는 것도 투자고 관망하는 것도 투자라고 일러둔다. 그러나 그 말을 진정으로 새기는 투자자는 열에 한둘에 불과하다.

그는 그 물건이 두 번 유찰될 때까지 참았다. 솔직히 그 물건을 분석했을 때 한 번 유찰 후 낙찰자가 나올 줄 알았다. 그러나 아무리 괜찮아 보이는 경매 토지라도 의심과 실행 사이에는 보이지 않는 힘겨루기가 존재한다. 마음에 둔 물건을 바라보면서 유찰을 견디는 것은 생각보다 쉽지 않다.

그는 두 번의 유찰을 참고 세 번째 경매기일에 입찰을 결정했다. 감정가격이 1억 7,000만 원, 두 번의 유찰을 거치면서 최저가격은 8,500만 원대가 되었다. 여기서 나는 그가 얼마에 입찰가격을 쓰려고 하는지 슬쩍 물어보았다.

"지난번 임장 갔던 농지가 마음에 들었다면 이제는 입찰가격을 결정해야 할 것 같은데 얼마를 생각하고 있습니까?"

그는 여러 번 임장을 다니며 분위기를 파악해서 그런지 다소 높은 금액을 말하였다.

그가 말한 금액은 1억을 살짝 넘겼다. 이때도 나는 놀랐다. 보통 두 번 유찰되면 최저가격에서 살짝 가격을 높여 입찰하는 것이 일반적인데 그는 1억을 넘기는 금액을 제시한 것이다. 금액을 듣고 나서 나는 아무 말도 하지 않았다. 낙찰이 될 것인지 안될 것인지는 뚜껑을 열어봐야 알겠으나 적어도 낙찰에 근접할 것 같은 생각이 들었기 때문이다. 결국 그는 근소한 금액 차이로 2등을 누르고 낙찰자가 되었다.

이제 그는 농지연금으로 사용하기에 전혀 부족함이 없는 농지의 주인이 되었다. 건축을 위한 도로가 아닌 농로가 붙어있는, 농기계 진·출입이 어렵지 않은 농지의 낙찰자가 된 것이다. 이 농지는 면적은 작아도 공시지가가 탄탄하여 농지연금용 농지로 아주 마음에 들었다.

공시지가는 1억 3,000만 원 정도지만 이 농지는 농지연금 담보평가 시 감정평가를 받아서 농지연금으로 활용할 것이다. 왜냐하면 도시화된 주변 입지가 있고 다양한 감정평가 사례들이 있어서 공시지가보다 높은 감정평가 금액을 받을 수 있기 때문이다. 이제 명확한 출구전략이 있으니 농업인을 등록하고 충실하게 영농경력을 쌓을 것이다.

　그의 낙찰 소식을 듣고 나서 이 농지를 많은 사람에게 농지연금으로 좋다고 추천한 것이 미안해졌다. 하지만 의심의 터널을 지나 실행까지 이루어 낸 사람은 그가 유일했다. 의심할 여지 없이 그의 성실한 노력으로 얻은 승리였다.

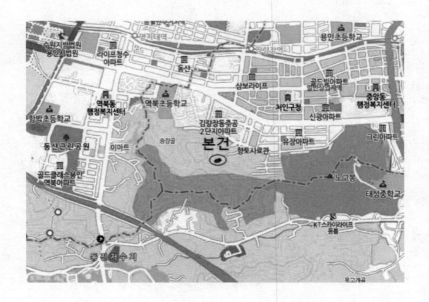

농지

FARMLAND
AUCTION
STRATEGY

지목이 전·답 또는 과수원으로 되어있는 토지와 그 밖에 법적 지목을 불문하고 실제로 농작물 경작지 또는 다년생식물 재배지로 이용되는 토지를 말한다.

　위 토지의 개량시설(유지, 양 · 배수시설, 수로, 농로, 제방 등)의 부지와 농지에 설치하는 고정식 온실·버섯재배사 및 비닐하우스와 그 부속시설의 부지, 축사와 농림축산 식품부령으로 정하는 그 부속시설의 부지, 농막·간이퇴비장 또는 간이액비저장소의 부지도 농지에 해당한다.

　「초지법」에 따라 조성된 초지 또는 지목이 전·답·과수원이 아닌 토지(임야 제외)로서 농작물 경작지 또는 다년생식물 재배지로 계속하여 이용되는 기간이 3년 미만인 토지, 지목이 임야인 토지로서 「산지관리법」에 따른 산지전용허가를 거치지 아니하고 농작물의 경작 또는 다년생식물의 재배에 이용되는 토지, 전·답·과수원이 아닌 토지에 조경 목적으로 다년생식물을 재배하는 경우, 종전의 「농지의 보전 및 이용에 관한 법률」 시행일(1973.1.1.) 이전부터 농작물의 경작 또는 다년생식물 재배지 외의 용도로 이용되고 있는 토지 지목은 전·답·과수원이나 전용목적사업이 완료(준공검사필증을 교부한 날 또는 건축물 관리대장에 등재된 날)된 토지는 농지로 보지 않는다.

농지를 방치하여 황폐화, 임야화된 경우이거나, 농지전용허가를 받지 아니하고 건축물의 부지 등 타 용도로 사용(불법 전용)되어 농업경영에 이용하지 않는 경우라고 하더라도 해당 토지는 원상복구 되어야 할 농지에 해당된다.

따라서 이런 농지를 취득하려는 경우에는 사전에 원상복구 하여야 하며, 불가피한 경우 원상복구 계획을 제출하여 농지취득자격증명을 발급받아야 한다.

농업인의 범위

① 1,000㎡ 이상의 농지에서 농작
물 또는 다년생식물을 경작 또는
재배하는 자

② 1년 중 90일 이상 농업에 종사
하는 자

③ 농지에 330㎡ 이상의 고정식 온실 · 버섯재배사 · 비닐하우
스 등 농업생산에 필요한 시설을 설치하여 농작물 또는 다년
생식물을 경작 또는 재배하는 자

④ 농업경영을 통한 농산물의 연간 판매액이 120만 원 이상인 자

⑤ 대가축 2두, 중가축 10두, 소가축 100두, 가금 1천수 또는
   꿀벌 10군 이상을 사육하거나 1년 중 120일 이상 축산업에
   종사하는 자

또한, 1년 중 90일 이상 농업에 종사하는 자란 농업법인, 농
장주 등 농업 경영주와 1년 중 90일 이상 농업경영이나 농지경
작 활동의 피고용인으로 종사한다는 고용계약을 체결하고 농업
경영이나 농지경작 활동에 참가(실제로 노동력을 제공)하였거나 농
업인의 가족원으로서 1년 중 90일 이상 농업경영이나 농지경작
활동에 참가(실제로 노동력을 제공)한 자를 의미한다.

"농지"란 전·답·과수원, 그 밖에 법적 지목을 불문하고 실제로
농작물 경작지 또는 다년생식물 재배지로 이용되는 토지이다(농
지법 제2조 제1호의 가목). - 다만, 다음의 토지는 농지의 범위에서
제외한다.

① 지목이 전 · 답 · 과수원이 아닌 토지(임야는 제외)로서 농작물
   경작지 또는 제1항 각 호에 따른 다년생식물 재배지로 계속
   하여 이용되는 기간이 3년 미만인 토지
② 지목이 임야인 토지로서 산지관리법에 따른 산지전용허가를

거치지 아니하고 농작물의 경작 또는 다년생식물의 재배에
이용되는 토지
③ 초지법에 따라 조성된 초지

즉, 지목이 임야인 토지는 산지전용허가를 거쳐 농작물의 경
작 또는 다년생식물의 재배에 이용된 경우에는 농지법상 농지
에 해당한다.

임야를 무단 개간하여 농지로 이용하는 토지의 성격에 대한
업무 혼선 등을 해소하기 위하여 농지법 시행령 개정을 통해 농
지의 범위를 조정(2016.1.21. 시행)한다.
기존에는 지목이 임야인 토지에 대해서는 「산지관리법」에 따
른 산지전용허가를 받지 않았다 하더라도 3년 이상 농작물을 경
작하는 등의 경우에는 농지로 인정하였으나, 「산지관리법」에
따른 산지전용허가를 받지 아니한 경우에는 3년 이상 농작물을
경작하는 토지 등에 대해서도 농지로 인정받지 못하도록 한다.

그러나 시행령 부칙 제2조에 농지의 범위에 관한 경과조치를
마련하여 법령 시행('16.1.21.) 당시 경작 또는 재배에 이용되는
토지에 대해서는 종전 규정을 적용·해석한다.

(기존 규정)지목이 임야인 토지의 형질을 변경하여 3년 이상 계속해서 농작물 경작이나 과수 등 다년생식물의 재배를 했던 경우에는 농지에 해당한다.

"농지"란 전·답·과수원, 그 밖에 법적 지목을 불문하고 실제로 농작물 경작지 또는 다년생식물 재배지로 이용되는 토지(농지법 제2조 제1호의 가목)와 "농지"의 개량시설, "농지"에 설치하는 농축산물 생산시설로서 대통령령으로 정하는 시설의 부지도 포함된다(농지법 제2조 제1호의 나목).

그러나 농지가 아닌 임야, 잡종지 등 토지에 설치하는 농축산물시설인 고정식 온실의 부지는 농지법상 농지에 해당하지 않는다.

'그 밖에 법적 지목을 불문하고 실제로 농작물 경작지 또는 다년생식물 재배지로 이용되는 토지'란 지목이 전·답·과수원이 아닌 토지(임야는 제외)로서 농작물 경작지 또는 다년생식물 재배지로 계속하여 이용되는 기간이 3년 이상인 토지(사실상 농지)이다.

사실상 농지인지에 대한 판단은 관할 기관에서 항공사진, 과세자료 등을 포함한 공부상 자료를 통한 사실관계 확인, 현지조사 등을 거쳐 판단하여야 하며, 사실상 농지로 확인은 농지소유자에게 입증을 요구할 수 있다. 입증자료로는 종자 구입, 비료·

농약 등 농자재 구입 영수증, 농작물판매 증빙자료 등을 활용하여 확인한다.

농지의 개량시설이란 유지, 양·배수시설, 수로, 농로, 제방과 농지보전이나 이용에 필요한 시설로 토양의 침식이나 재해로 인한 농작물의 피해를 방지하기 위하여 설치한 계단·흙 막기·방풍림 등의 시설이다(농지법 시행령 제2조 제3항 제1호). 이러한 농지개량시설의 부지를 다른 용도로 이용하고자 하는 경우에는 농지전용허가를 받아야 한다.

농지개량시설의 부지는 농어촌정비법에 따른 농업생산기반시설관리대장 등재 여부와 관계없이 농지다. 또한, 농업생산기반시설의 폐지절차를 거쳤거나 해당 시설로부터 이익을 받은 농지가 없어진 경우에도 농지로 볼 수 있다.

농지에 설치하는 농축산물생산시설에는 고정식 온실·버섯재배사 및 비닐하우스와 그 부속시설의 부지, 축사와 농림축산식품부령으로 정하는 그 부속시설과 농막·간이저온저장고·간이퇴비장 또는 간이액비저장조의 부지는 농지에 해당된다(농지법 시행령 제2조 제3항 제2호).

그러나 간이저온저장고의 경우에는 농업인 또는 농업법인이 자기가 생산한 농산물을 보관하기 위하여 설치한 시설로 그 규모가 33㎡ 이내만 농지이용행위로 허용된다. 따라서 그 규모가 33㎡를 초과하는 경우에는 농지전용대상이 된다.

다년생식물의 재배지는 다음 식물의 재배지다(농지법 시행령 제 2조 제1항).

① 목초, 종묘, 인삼, 약초, 잔디 및 조림용 묘목
② 과수, 뽕나무, 유실수 그 밖의 생육기간이 2년 이상인 식물
③ 조경 또는 관상용 수목과 그 묘목(조경 목적으로 식재한 것은 제외한다)

따라서 조경 또는 관상용 수목을 재배목적으로 식재하는 경우는 농지이용 행위에 해당하나, 조경 목적(정원 등)으로 다년생식물을 식재하는 것은 농지전용대상에 해당된다.

농지에 설치하는 고정식 온실, 비닐하우스 및 버섯재배사와 그 부속시설의 부지도 농지에 해당된다(농지법 시행령 제2조 제3항 제2호 가목). 따라서 비닐하우스에서 다년생식물을 직접 재배하거나 인근 농장 등에서 분양받아 재배하여 판매하는 행위는 농

지이용행위로 인정할 수 있다.

　"농지"란 지목이 전·답·과수원으로 되어있는 토지와 기타 그 법적 지목을 불문하고 실제의 토지현상이 농작물의 경작 또는 다년생식물 재배지로 이용되는 토지(농지법 제2조)와 농지의 개량시설(유지, 양·배수시설, 수로, 농로, 제방 등)의 부지, 농지에 설치하는 고정식 온실·버섯재배사 및 비닐하우스와 그 부속시설의 부지, 축사·곤충사육사와 농림축산식품부령으로 정하는 그 부속시설의 부지, 농막·간이저온저장고·간이퇴비장 또는 간이액비저장조의 부지이다.

　이 중 축사와 농림축산식품부령으로 정하는 그 부속시설의 부지는 2007.7.4. 시행된 농지법(제8352호)에 따라 2007.7.4.부터 농지의 범위에 포함되었으므로, 개정 전 농지법에 따라 농지전용허가 또는 신고 절차를 거치지 않은 축사부지라고 하더라도 개정 농지법 시행으로 농지법 시행령 제2조 제3항 및 농지법 시행규칙 제3조 제1호의 요건을 갖춘 경우라면 농지라고 보아야 한다.

　참고로 농지법 부칙(제8352호, 2007.4.11.) 제12조에는 "2007.7.4. 이전 종전의 규정에 따라 농지전용허가를 받거나 농지전용 신고가 수리된 농축산물 생산시설의 부지는 종전의 규정에 따라 농지로 보지 않는다."는 규정만 있지 농지전용허가를 받지 않은 축사에 대한 규정에 대해서는 규정하고 있지 않다.

농지의 임대는 원칙적으로 금지, 예외적으로 허용된다.

헌법 제121조는 소작제도를 금지, 농업생산성의 제고와 농지의 합리적인 이용을 위하거나 불가피한 사정으로 발생하는 농지의 임대차와 위탁경영은 법률이 정하는 바에 의하여 인정한다.

농지의 임차자는 제한하지 않고 있으므로 임대가 허용되는 농지는 누구나 임차가 가능하다.

농지법을 위반하여 임대하는 경우에는 처분의무를 부과한다.

다음과 같은 경우에는 예외적으로 임대를 허용한다.

① 농지법 시행('96.1.1.) 이전부터 소유하고 있는 농지, 국가, 지방자치단체 소유 농지
② 상속농지(1만㎡까지), 8년 이상 농업경영 후 이농 시 소유 농지(1만㎡까지)
③ 농지전용허가(신고)를 받은 자가 소유한 농지 및 주무부장관이나 지자체장이 농림축산식품부장관과 농지전용 협의를 마친 농지
④ 영농여건불리농지

⑤ 질병, 징집, 취학 등 부득이한 사유로 임대하는 농지

⑥ 고령농이 소유한 농지(60세 이상, 5년 이상 자기의 농업경영, 거주
시 · 군 또는 연접 시 · 군 소유농지에 한함)

⑦ 농업인 또는 농업법인이 자기의 농업경영 이용 목적으로 소
유하고 있는(=농지법 제6조 제1항에 따라 소유하고 있는) 농지를
주말 · 체험영농을 하려는 자에게 임대하거나 사용대하는 경
우, 한국농어촌공사(농지은행)에 위탁하여 임대하거나 사용대
하는 경우

⑧ 자경 농지를 농림축산식품부장관이 정하는 이모작을 위하여
8개월 이내로 임대하거나 사용대하는 경우 하계작물을 재배
한 자경 농지에서, 후속 작물로 해당연도 10월부터 다음 연
도 5월까지 농작물 또는 조사료를 재배 · 수확하는 것(농림축
산식품부 고시 제2015-7호, 2015.1.23.)

⑨ 친환경농업기반구축사업, 농산물전문생산단지사업을 목적으
로 한 사업을 추진하기 위하여 필요한 자경 농지를 임대하거
나 무상사용하게 하는 경우

　

임대차 기간은 3년 이상으로 해야 한다. 다만, 다년생식물 재
배지, 고정식 온실 · 비닐하우스를 설치한 농지의 경우 5년 이상
으로 해야 한다.

농지의 위탁경영은 노동력 부족 등 부득이한 경우에만 허용한
다. 농업의 위탁경영을 광범위하게 허용할 경우 사실상 임대와
같아 투기목적의 농지소유와 농업생산성 저하가 우려되므로,
징집, 복역, 국외여행, 취학, 질병 등 불가피한 경우와 농지이용
증진사업 시행계획에 따라 위탁경영하는 경우에만 전부위탁경
영 허용, 농업인이 자기의 노동력이 부족한 경우에는 농작업의
일부 위탁 허용한다.

농지는 자기의 농업경영에 이용할 목적으로 소유하여야 하며,
소유 농지를 농지법에서 정한 정당한 사유 없이 자기의 농업경
영에 이용하지 않거나 이용하지 아니하게 된 경우에는 원칙적
으로 농지를 처분하여야 한다(농지법 제6조, 제10조).

농지법 제23조 제1항 6호에는 농지법 제6조 제1항에 따라 소
유하고 있는 농지를 한국농어촌공사(농지은행)에 위탁하여 임대
하거나 사용할 수 있도록 하고 있다.

대상 농지는 자기의 농업경영 이용 목적으로 소유가 허용된
농지(농지법 제6조 제1항에 따라 소유하고 있는 농지)이므로 자기의 농
업경영에 이용 중 농업경영을 지속할 수 없는 사정변경에 따라
임대가 가능하다는 의미다.

따라서 농어촌공사에 임대할 목적으로 농지를 취득하거나 취

득 직후 자기의 농업경영 없이 공사에 임대하는 것은 농지를 소유할 목적으로 거짓이나 그 밖에 부정한 방법으로 농지를 취득한 것은 농지법 위반에 해당된다.

위탁영농이란 농지의 소유자가 타인에게 일정한 보수를 지급할 것을 약정하고 영농작업의 전부 또는 일부를 위탁하여 영농하는 행위를 말한다.

농지의 위탁영농도 징집, 복역, 국외여행, 취학, 질병 등 불가피한 경우 이외에는 할 수 없도록 제한하고 있으나(농지법 제9조) 자기의 노동력이 부족한 경우로서 통상적인 농업경영 관행에 따라 자기 또는 세대원의 노동력으로는 해당 농지의 농업경영에 관련된 농작업의 전부를 행할 수 없는 경우에는 타인의 노동력을 이용하여 경영을 하는 일부위탁경영은 예외적으로 허용되고 있다(농지법 제9조 및 시행령 제8조).

다만, 일부위탁의 경우에도 자기 또는 세대원의 노동력으로 주요 농작업의 3분의 1 이상 또는 1년 중 30일 이상을 직접 종사하여야 한다.

농지법 시행일('96.1.1.) 이후에 소유하고 있는 농지는 상속으로 취득한 경우 등 예외적인 경우를 제외하고는 원칙적으로 임대할 수 없으나, 질병, 부상으로 3월 이상의 치료가 필요한 경우 등 부득이한 사유로 인하여 일시적으로 농업경영에 종사하지 아니하게 된 자가 소유하고 있는 농지를 임대하거나 사용하는 것은 허용된다(농지법 제23조 제3호).

질병의 사전적 의미는 '몸의 온갖 병'이며, 부상의 사전적 의미는 '몸에 상처를 입는 것'으로, 각각에 해당하여 당분간 농작업 활동을 하기가 어려운 상태로 병원진단서를 받은 경우에는 임대가 가능하다.

주말·체험영농이란 농업인이 아닌 개인이 주말 등을 이용하여 취미생활이나 여가활동으로 농작물을 경작하거나 다년생식물을 재배하는 것이다.

주말·체험영농은 도시민들의 취미생활이나 여가활동을 장려하기 위해 농업인이 아닌 개인에게 농업경영 주체가 아니더라도 예외적으로 농지소유를 허용한 것으로 자기의 노동력을 활용해야 하며, 현행법상 위탁경영과 임대차 모두 허용하고 있지 않다.

FARMLAND
AUCTION
STRATEGY

농지처분제도

처분의무통지

소유농지를 정당한 사유 없이 자기의 농업경영에 이용하지 않는 경우 처분의무 기간(1년) 내에 처분할 것을 통지한다.

① 취득농지를 정당한 사유 없이 임대(사용대)하거나 휴경할 경우

② 주말·체험영농, 농지전용허가 농지를 목적대로 이용하지 아니한 경우
③ 상속·이농농지의 소유상한을 초과하여 소유한 경우 등

처분명령의 유예

처분의무 통지를 받은 농지소유자가 해당 농지를 자기의 농업경영에 이용할 경우 3년간, 한국농어촌공사와 매도위탁계약을 체결한 경우 계약기간 동안 농지처분명령을 유예한다.

처분명령을 유예받은 농지소유자가 유예사유를 위반한 경우에는 지체 없이 처분명령을 하고, 처분명령 없이 유예기간이 지난 경우 처분의무 소멸한다. 처분명령을 받은 농지소유자는 농어촌공사에 매수청구 할 수 있다.

처분명령

6개월 이내의 기간을 정하여 농지소유자에게 처분할 것을 명령한다.

① 처분의무기간 내에 처분대상 농지를 처분하지 아니한 경우
② 거짓이나 부정한 방법으로 농취증을 발급받아 농지를 소유한 것으로 시장·군수·구청장이 인정한 경우
③ 농업법인이 부동산업을 영위한 것으로 시장·군수·구청장이 인정한 경우

이행강제금 부과

처분명령 또는 원상회복명령을 이행하지 아니한 자에게는 해당 농지 토지의 감정평가액 또는 공시지가 중 더 높은 가액의 25/100에 해당하는 이행강제금을 부과한다.

농지 처분명령제도의 흐름

정당한 사유 없이 임대·휴경한 경우 등 → 처분의무 통지(1년 이내)

① 성실경작·매도위탁: 처분명령유예(3년) → 유예기간 경과 → 처분의무소멸
② 미처분 시: 처분명령(6개월 이내) → (처분명령 미이행 시) → 이

행강제금 부과(감정평가액 또는 공시지가 중 더 높은 가액의

25%, 매년 1회